Ute Bauer

300 Fragen zu Rosen

➤ Praktischer Rat für Rosenliebhaber
➤ Kompaktes Wissen von A bis Z

Inhalt

■ **Etwas Botanik und Gärtnerlatein ?**

Hilfreiches Rosen-Einmaleins ?

Inhalt

Pflanzen – wo und wie?

Expertentipps ? zur Rosen- pflege

Inhalt

Rosen gesund erhalten

Anhang

Etwas Botanik und Gärtnerlatein

Um sich die faszinierende Welt der Rosen leichter zu erschließen, sind ein wenig Gärtnerlatein und botanisches Wissen ganz hilfreich. Dabei gibt es auch noch viele wissenswerte und spannende Details zu entdecken.

1. **Absenker:** Ich habe gehört, man könne viele Gehölze über Absenker vermehren. Was sind Absenker genau, und funktioniert diese Methode auch bei Rosen?

Als Absenker bezeichnet man einen Trieb, der in einem Bogen zu Boden gesenkt wird, dessen Spitze aber wieder nach oben zeigt. An der tiefsten Stelle steckt man ihn in der Erde fest, wo er nach einiger Zeit bewurzelt. Danach trennt man ihn von der Mutterpflanze ab und kann ihn als eigenständige Jungpflanze an einen anderen Ort versetzen.

Diese Art der Vermehrung funktioniert bei allen Rosen, die von Natur aus lange, überhängende und biegsame Triebe bilden, also vor allem Ramblerrosen, Kletterrosen, viele Alte Rosen, aber auch etliche moderne Strauchrosen. Unter den Flächenrosen gibt es sogar Sorten, die ohne »Nachhilfe« bei Bodenkontakt ihre Triebe bewurzeln. Bei den anderen wählt man im Spätherbst oder Frühjahr einen entsprechend langen, jungen, aber bereits verholzten Trieb aus und biegt ihn zu Boden (→ Seite 136).

2. **Alter:** Wir haben einen Garten mit älteren Rosenstöcken übernommen und fragen uns, wie alt diese wohl noch werden?

Rosen sind Gehölze und können mühelos mehrere Jahrzehnte alt werden, wie 60 Jahre alte Strauchrosenbestände beweisen. Die »Tausendjährige Rose« am Hildesheimer Dom ist nachweislich mehr als 430 Jahre alt. Obwohl die Pflanze im Zweiten Weltkrieg bis auf einen verkohlten Stumpf zerstört wurde, trieb sie aus dem gesunden Wurzelwerk wieder neu aus. Gartenrosen stehen jedoch selten auf eigener Wurzel, sie sind veredelt (→ Seite 43). Ihre Lebenserwartung hängt in erster Linie vom richtigen Standort und einer guten Pflege, vor allem einem regelmäßigen Schnitt (→ Seite 167 ff.), ab. Überlässt man sie jahrelang sich selbst, können sie durchaus »überaltern«. Sie verkahlen dann oft von der Basis her, bestehen überwiegend aus knorrigen, stark verholzten Trieben und werden blühfaul. Auch das lässt sich jedoch durch einen Verjüngungsschnitt (→ Seite 182) wieder beheben. Veredelte Rosen treiben dann aus schlafenden Augen (→ Seite 12) aus der Triebbasis neues Holz. Bei modernen, niedrigen Rosenformen ist allerdings nach 15–20 Jahren in der Regel ein deutliches Nachlassen der Vitalität zu beobachten.

Die Wildtriebe unterscheiden sich in Farbe und Fiederung ganz deutlich vom restlichen Laub der Rose.

3. **anders aussehender Trieb: An meiner Rose wächst ein Trieb, der deutlich anders aussieht als die übrigen. Was ist das?**

Es handelt sich hier um einen Wildtrieb (→ Bild). Sein Laub hebt sich meist in der Farbe deutlich von den übrigen Blättern ab. Die Blätter sind oft auch kleiner und stärker gefiedert. Wildtriebe treiben aus der Veredlungsunterlage (→ Seite 42) der Rose aus. Diese Unterlage besteht in der Regel aus einer Wildrose, die von vitalerem Wuchs ist als die Edelsorte. Würde man den Wildtrieb belassen, würde er den Strauch schnell überwuchern. Ein Abschneiden an der Erdoberfläche regt nur seine Verzweigung und stärkeres Wachstum an – was ebenfalls zum Überwachsen der Edelsorte führen würde. Abhilfe schafft allein das Abreißen an der Ansatzstelle unter der Erde.

4. Auge: Wenn ich in Gartenzeitschriften etwas über Rosen lese, dann taucht immer wieder der Begriff »Auge« auf. Was ist das eigentlich genau?

Die so genannten Augen sind die Knospen (Wachstumsstellen) entlang der Triebe. Sie sitzen in der Regel in den Blattachseln. Am kahlen Zweig erkennt man sie an einer kleinen Verdickung. Aus ihnen können neue Triebe sprießen,

Vor dem Austrieb erkennt man ein Auge lediglich an einer kleinen Verdickung am kahlen Trieb.

die die Verzweigung der Pflanze weiter vorantreiben. Unter **schlafenden Augen** versteht man unauffällige, kaum erkennbare Beiknospen. Durch scharfen Rückschnitt der Pflanze können sie zum Austreiben animiert werden und einen Strauch neu aufbauen.

5. Ausläufer: Was sind Ausläufer, und bei welchen Rosen kann ich mit Ausläuferbildung rechnen?

Manche Pflanzen neigen dazu, sich unterirdisch auszubreiten. Ihre Wurzelstöcke schieben lange Sprosse waagerecht im Boden nahe der Oberfläche entlang und schicken schließlich einen neuen Trieb ans Licht, der sich auch bewurzelt. Diese so genannten Ausläufer kann man im Frühjahr mit dem Spaten abstechen und an anderer Stelle als eigenständige Pflanze setzen (→ Vermehrung Seite 44).
Da die meisten Gartenrosen veredelt (→ Seite 43) sind, spielt die Vermehrung durch Ausläufer bei Rosen nur eine untergeordnete Rolle. Einige Wild-

rosenarten, wie Kartoffelrose (*Rosa rugosa*), Bibernellrose (*Rosa spinosissima*), Weinrose (*Rosa rubiginosa*),
Glanzrose (*Rosa nitida*), Mandarinrose (*Rosa moyesii*)
oder Essigrose (*Rosa gallica*), können allerdings gut
durch Ausläufer vermehrt werden. Auch Flächenrosen
(→ Seite 63), die häufig im öffentlichen Grün eingesetzt werden, werden oft gezielt wurzelecht (→ Seite
47) vermehrt, um über die Ausläuferbildung schneller
eine geschlossene Pflanzendecke zu erreichen.

**6. Aussaat: Kann ich meine Rosen über die Aus-
saat der Hagebuttensamen selbst vermehren?**

Wenn Ihre Rose zu den Sorten gehört, die Hagebutten
ansetzen, ist eine Aussaat möglich. Es gilt jedoch zu
bedenken, dass Samen nie sortenrein aufgehen. D. h.,
die Keimlinge sind in ihren Eigenschaften nie identisch mit der Mutterpflanze. Sie können unter Um-
ständen deutlich anders aussehen, da es sich bei der
Aussaat um eine generative (geschlechtliche) Vermehrung handelt (→ Seite 44).
Wer es dennoch probieren möchte, verfährt wie auf
Seite 139 beschrieben.

**7. Blührhythmus: Ich habe gehört, man solle die
Begleitstauden auf den Blührhythmus der
Rosen abstimmen. Was versteht man unter
dem Blührhythmus?**

Die zahlreichen Sorten im riesigen Rosensortiment
zeigen, je nach Abstammung, unterschiedliches Blüh-
verhalten. Während Wildrosen und viele Alte Rosen
(→ Seite 53), wie alle anderen Gehölze, nur einmal im
Jahr blühen, in der Regel im Juni/Juli, gibt es auch
öfterblühende Sorten (→ Seite 33). Diese setzen in
unterschiedlichem Ausmaß nach der Hauptblüte bis
zum ersten Frost wiederholt neue Blüten an. Zwischen den einmalblühenden (→ Seite 22) und mehr

oder minder dauerblühenden (→ Seite 17) Sorten gibt es fließende Übergänge. Remontierende Rosen (→ Seite 34) z. B. legen im Sommer eine Blühpause ein, um dann im Herbst ein zweites Mal meist schwächer nachzublühen.

8. **Blütenformen:** **Rosen entwickeln je nach Sorte sehr unterschiedliche Blütenformen. Woran liegt das?**

Alle Wildrosen, egal aus welchem Kontinent sie stammen, tragen einfache Blüten, bestehend aus fünf Blüten- und fünf Kelchblättern. Die einzige Ausnahme bildet die Stacheldrahtrose (*Rosa sericea* f. *pteracantha*), sie entwickelt nur je vier Blüten- und Kelchblätter. Im Zentrum der einfachen Blüte (→ Bild 1) sind die gelben Staubgefäße sichtbar, die den Pollen hervorbringen. Sie umgeben die Narbe, die zusammen mit dem Griffel und dem Fruchtknoten den weiblichen Teil der Blüte bildet.

Durch Mutation (→ Seite 32), natürliche Kreuzung (→ Seite 31) und später gezielte Züchtung (→ Seite 49) entstanden im Lauf der Jahrhunderte gefüllte Blütenformen. Sie bildeten sich durch Umwandlung von Staubblättern in Blütenblätter. Bei bis zu neun Blütenblättern spricht man noch von einfacher Blüte. Bildet eine Sorte zwischen 10 und 20 Blütenblätter, gilt sie als halb gefüllt (→ Bild 2), darüber hinaus als gefüllt. Wobei es extrem dicht gefüllte Rosen auf bis zu 100 Blütenblätter bringen können. Sie besitzen dann aber keine funktionsfähigen Staubgefäße mehr. Auch die Form der Gesamtblüte variiert je nach Anordnung und Stellung der Blütenblätter: Es gibt die typische hochgebaute Edelrosenblüte, die im Aufgehen am schönsten ist (→ Bild 3), runde, kugelige Ballonformen, flache Schalen oder Becher, zierliche Rosetten (→ Bild 4) oder in der Mitte geviertelte Blütenformen (→ Bild 5), wie sie häufig bei Alten Rosen auftreten.

1 EINFACHE BLÜTE
Sie besteht aus fünf Blüten-
und fünf Kelchblättern und
lässt in der Mitte die gelben
Staubgefäße erkennen.

2 HALB GEFÜLLTE BLÜTE
Bei 10–20 Blütenblättern
spricht man von halb gefüllt.
Auch hier blitzen meist die
Staubgefäße noch hervor.

3 GEFÜLLTE EDELROSE
Gefüllte Blüten haben mehr
als 20 Blütenblätter. Hier eine
hochgebaute typische Edelrose ('Ingrid Bergman').

4 DICHT GEFÜLLTE ROSETTE
Typisch für diese Blütenform
sind der flache Teller und die
in konzentrischen Kreisen versetzt angeordneten Petalen.

5 DICHT GEFÜLLT, GEVIERTELT
Im Zentrum der üppigen Blüte
erkennt man eine vierteilige
Symmetrie, die wie ein kleiner
Wirbel wirkt.

9. **Blütenknospen: Ich möchte meine Rosen beschneiden, jedoch keine Blütenknospen vernichten. Wo bilden Rosen ihre Blütenknospen?**

Hier müssen Sie unterscheiden zwischen einmalblühenden (→ Seite 22) und öfterblühenden Sorten (→ Seite 33).

➤ **Einmalblühende Rosen** blühen ausschließlich an Kurztrieben, die aus den Knospen des vorjährigen Holzes sprießen. Deshalb entfällt bei dieser Gruppe ein regelmäßiger Schnitt im Frühjahr, da sonst ein Großteil des Blütenholzes verloren ginge.

➤ **Öfterblühende Rosen** dagegen sind in der Lage, zusätzlich auch an Trieben zu blühen, die sich erst im Laufe der Sommersaison entwickeln. Je mehr solcher diesjähriger Triebe entstehen, desto üppiger fällt der Blütenflor aus. Durch einen regelmäßigen Rückschnitt im Frühjahr können Sie daher ganz gezielt einen kräftigen Neuaustrieb forcieren.

10. **Blütezeit: In Rosenkatalogen wird meist auf die Angabe von Blütezeiten verzichtet. Woher weiß ich, wann und wie lange eine Sorte blüht?**

Die Hauptblütezeit fast aller Rosensorten fällt in die Monate Juni und Juli. Ausnahmen bilden einige wenige »Frühstarter« (→ Frühlingsrosen Seite 64), die schon ab Mai erblühen, sowie wenige »Spätzünder«, vor allem unter den Flächenrosen, die erst im Juli Flor ansetzen. Bei den einmalblühenden Rosen ist die Pracht mit der Hauptblüte zu Ende.
Sortenbeschreibungen in Katalogen unterscheiden meist noch nach remontierenden und öfterblühenden Sorten. Remontierende Sorten (→ Seite 34) bringen im Herbst eine Zweitblüte hervor. Öfterblühende können – wenn auch zeitweise spärlich – mehr oder weniger ununterbrochen Blüten neu bilden.
Der genaue Start- und Endpunkt der Blüte hängt aber auch vom Großklima der Region, in der Sie wohnen,

ab (in Weinbaugebieten blüht es früher als in frostigen Höhenlagen) sowie vom Kleinklima des individuellen Standorts (ein geschützter Hinterhof treibt die Entwicklung voran, eine kalte, zugige Lage bremst sie). Zusätzlich spielt der Witterungsverlauf der Saison eine wichtige Rolle. So kann die Blütezeit einer Rose am selben Standort von Jahr zu Jahr bis zu drei Wochen variieren.

11. dauerblühend: Manche Rosensorten werden als dauerblühend empfohlen. Ist das wirklich zutreffend?

Es gibt unter den öfterblühenden Rosen (→ Seite 33) durchaus Sorten, die ohne Pause immer wieder zumindest einzelne Blüten bilden. Besonders unter den spätblühenden Flächenrosen gibt es Sorten, die nach dem Aufblühen ununterbrochen relativ üppigen Dauerflor zeigen. Allerdings beginnen sie dafür erst im Juli mit ihrer Farbenpracht. Korrekterweise bezeichnet man auch solche Sorten als öfterblühend.

12. dicht gefüllte Blüten: In Sortenbeschreibungen stoße ich immer wieder auf den Begriff »dicht gefüllte Blüte«. Was ist darunter zu verstehen?

Die Anzahl der Blütenblätter fällt bei den Rosensorten sehr unterschiedlich aus. Hat eine Rose 40 und mehr Blütenblätter pro Blütenkopf, spricht man von dicht gefüllt. Manche Alten Rosen haben bis zu 100 Blütenblätter (z. B. die Zentifolien → Seite 85 und Bild 4, Seite 15), besitzen dann aber kaum noch Staubgefäße und können daher auch keine Hagebutten bilden. Die Blütenblätter können dabei sehr unterschiedlich angeordnet sein (→ Blütenformen Seite 15).
Dicht gefüllte Sorten finden wegen ihrer romantischen Ausstrahlung viele Anhänger.

13. Dornen: »Keine Rose ohne Dornen« heißt es im Sprichwort, dennoch habe ich gehört, Rosen trügen eigentlich Stacheln. Stimmt das?

Sprichwort hin oder her, botanisch betrachtet besitzen Rosen tatsächlich Stacheln und keine Dornen. Es gelten folgende Unterscheidungskriterien:

➤ **Dornen** wachsen direkt aus dem Holz des Triebes heraus und entstehen durch Umwandlung von Blättern, Blatt- oder Sprossteilen. Sie können nicht ohne Weiteres entfernt werden. Dornen tragen zum Beispiel Berberitzen oder Kakteen.

➤ **Stacheln** werden ausschließlich von Rindengewebe gebildet. Sie sitzen auf dem Holzkörper auf und können leicht seitlich weggedrückt werden, ohne die Rinde ernsthaft zu verletzen (→ Bilder Seite 40).

14. dornenlose Rosen: Ich möchte gerne Rosen pflanzen, obwohl in unserem Haushalt Kleinkinder leben. Gibt es auch dornenlose Sorten?

Fast alle Wildrosenarten tragen Stacheln. Ausnahmen bilden nur *Rosa wichuriana*, *Rosa banksiae* – beides Kletterformen – sowie *Rosa pendulina*. Auch von *Rosa multiflora* gibt es unbestachelte Formen, die teilweise als Unterlage verwendet werden. Extrem gering bestachelt ist außerdem die gelb blühende *Rosa lutea*. Diese Wildformen haben jedoch für den Garten keine Bedeutung, und in der teils vielfach gekreuzten Nachkommenschaft ging diese Eigenschaft meist schnell verloren, so dass heute fast alle Rosensorten Stacheln tragen. Unter den heute erhältlichen Sorten sind folgende stachellos: 'Zéphirine Drouhin' (karminrosa Kletterrose), 'Kathleen Harrop' (hellrosa Kletterrose) und 'Lykkefund' (weißer Rambler). Kaum bestachelt sind z. B.: 'Mme Legras de St. Germain'(weiße Strauchrose), 'Ulrich Brunner Fils' (rote Strauchrose), 'Ghislaine de Féligonde' (gelbe Kletterrose), 'Maria Lisa' (rosarote Kletterrose).

15. Duft: In meinem Garten habe ich verschiedene Rosensträucher, manche duften, andere nicht. Warum duften nicht alle Rosen?

Der Duft gehörte einst geradezu sprichwörtlich zur Rose, wie in Dichtung und Literatur ja vielfach besungen. Tatsächlich schnuppert man heute aber an vielen Rosen vergeblich. Diese Diskrepanz zwischen Ruf und Wirklichkeit entstand durch die Einkreuzung duftloser Arten und Sorten. Die Alten Rosen, die in Europa und dem Orient seit mehr als 2000 Jahren das Bild der Rosen prägten, nämlich Gallica-, Alba- und Damaszener-Rosen, sind alle stark duftend. Andere Rosen kannte man in unserem Kulturkreis bis Beginn des 19. Jahrhunderts nicht. Deshalb galt Duft als selbstverständliche Beigabe, ja als Charakteristikum einer Rose. Erst um das Jahr 1800 herum gelangten die ersten Chinarosen nach Europa. Sie faszinierten die Fachwelt mit ihrer Öfterblütigkeit und lösten einen wahren Züchtungsboom (→ Seite 49) aus. Viele davon waren jedoch duftlos. Da sich das Merkmal Duft rezessiv vererbt (→ Seite 44), ging es von Kreuzungsgeneration zu Kreuzungsgeneration mehr und mehr verloren und wurde im Rosensortiment des 20. Jahrhunderts immer seltener. Erst die Renaissance der Alten Rosen, die fast ausnahmslos duften, veranlasste

INFO

Welche Wirkung hat Rosenduft?
In der Aromatherapie sagt man dem Rosenduft eine harmonisierende und ausgleichende Wirkung nach. Er gehört zu den Herznoten der Duftorgel und geht auch zu Herzen, d. h., er öffnet den Weg für Gefühle, Fantasie und den Sinn für Schönheit und Freude. Studien belegen, dass Rosenduft die Ausschüttung eines körpereigenen Opiats anregt.
Die Metapher vom »berauschenden« Duft enthält also tatsächlich ein Körnchen Wahrheit.

die Züchter, Duft wieder vermehrt als wichtiges Züchtungsziel zu behandeln. David Austin (→ Seite 54) schenkte als Erster mit seinen Englischen Rosen (→ Seite 63) den Rosengärten wieder ihr sinnliches Parfum. Als Folge davon entstehen seit zwei, drei Jahrzehnten in vielen Züchterhäusern Europas wieder neue, wunderbar duftende Rosensorten.

16. **Duftentfaltung:** Ich habe festgestellt, dass die Duftentfaltung bei meinen Rosen von Tag zu Tag, ja sogar im Tagesverlauf stark schwanken kann. Woran liegt das?

Die Duftentfaltung ist sehr von der Witterung, vor allem von der Temperatur abhängig. Bei bedecktem, kühlem Wetter oder auch vor Sonnenaufgang ist das Parfum weniger wahrnehmbar als bei Sonnenschein und warmen Temperaturen. Das liegt daran, dass die Duftträger, die ätherischen Öle, Wärme brauchen, um flüchtig werden zu können, d. h., in Gasform in die Umgebungsluft zu entweichen und somit für die Nase wahrnehmbar zu werden. Zu viel der Wärme, etwa hochsommerliche Mittagshitze, lässt den Duft aber auch schnell »verpuffen«.

17. **Duftintensität:** Manche Sorten werden als duftend bezeichnet, riechen für mich aber kaum. Welche Rosen duften am intensivsten?

In der Tat fällt die Duftintensität der Sorten sehr unterschiedlich aus. Sortenbeschreibungen tragen dem nicht immer Rechnung. In den Katalogen der Züchter findet man inzwischen jedoch immer häufiger eine Staffelung der Duftintensität. Verallgemeinernd kann man sagen, dass Alte Rosen fast ausnahmslos stark duften. Im modernen Rosensortiment kann man allen Englischen Rosen guten Duft unterstellen. Darüber hinaus verteilt sich das Merkmal Duft in unterschiedlicher Intensität quer durchs Rosensortiment. Manche intensiv duftenden Edelrosen tragen z. B. einen Hinweis im Namen, wie 'Duftwolke', 'Duftrausch', 'Duftgold', 'Blue Parfum' etc..

18. Duftträger: Welche Blütenteile tragen den Duft eigentlich in sich? Wo ist er lokalisiert?

Bei fast allen Rosen geht der Duft von den Blütenblättern aus. Sie enthalten in ihrer Oberhaut winzige Tröpfchen ätherischer Öle. Das sind leicht flüchtige Substanzen, die bei entsprechend hohen Temperaturen durch die Zellwände hindurch nach außen verdampfen und bei Kontakt mit Sauerstoff ihren Duft entfalten. Sie werden von der Pflanze laufend nachgebildet. Eine Ausnahme stellen *Rosa multiflora* und einige ihrer Rambler-Nachkommen dar, bei denen der Duft von den Staubgefäßen ausgeht. Darüber hinaus produzieren manche Rosen auch außerhalb der Blüten Duftstoffe. Moosrosen (→ Seite 71) z. B. erhalten ihr harzig balsamisches Aroma von Drüsenhaaren entlang der Kelchblätter und Blütenstiele, die bei Berührung ihren Duft freigeben. Und bei Apfel- (*Rosa villosa*) und Weinrose (*Rosa rubiginosa*) ist das Laub für die fruchtige Note verantwortlich, die besonders nach Regenfällen in der Luft liegt.

19. Duftunterschiede: Mir ist aufgefallen, dass es ganz verschiedene Rosendüfte gibt. Woher kommt das?

Das Duftöl jeder Sorte setzt sich anders zusammen. Jedes hat seine spezifischen Komponenten, mitunter auch solche, die man mit anderen Pflanzen in Verbindung bringt, wie Zitrus-, Anis-, Weihrauch-, Pfirsich- oder Tee-Noten.
➤ Den reinsten rosentypischen Geruch finden Sie unter den Damaszener-Rosen. Er ist betörend intensiv

und schwer, dabei blumig mit leichten Anteilen von Süße und Würze – einfach schlichtweg rosig.

➤ Leichter und lieblicher, mit einer zarten Honignote, duften z. B. Zentifolien und viele Alba- und Moschata-Hybriden.

➤ Herb-würzige Komponenten wie Myrrhe, Weihrauch, Muskat oder Pfeffer trifft man oft bei Gallica-Sorten und Moosrosen an, aber auch bei einigen Englischen Rosen, etwa 'Constance Spry'.

➤ Im modernen Rosensortiment stößt man auf viele fruchtige Nuancen, wie Zitrusdüfte, Himbeer-, Aprikosen- oder Pfirsicharoma.

Insbesondere gelbe und apricotfarbene Blüten warten mit diesen Fruchtaromen auf, die den typischen, leicht herben Teerosenduft überlagern, den gelbe Rosen oft noch haben.

20. einfache Blüte: In Sortenbeschreibungen stoße ich immer wieder auf den Begriff »einfache Blüte«. Was bedeutet das genau?

Die einfache Rosenblüte (→ Bild 1, Seite 15) ist sozusagen die Urform der Rosenblüte (→ Seite 36), wie man sie von den Wildrosen kennt. Sie setzt sich aus fünf Blüten- und fünf Kelchblättern zusammen. Im Zentrum stehen, gut sichtbar, die gelben Staubgefäße. Bei Züchtungen spricht man heute bei bis zu neun Blütenblättern noch von einer »einfachen Blüte«.

21. einmalblühend: »Einmalblühende Rose« scheint ein feststehender Fachbegriff zu sein. Was genau versteht man darunter?

Der Blührhythmus (→ Seite 13) der Rosensorten unterscheidet sich zum Teil stark. Von einmalblühenden Rosen spricht man, wenn die Pflanze einmal im Jahr – in der Regel im Juni/Juli – für mehrere Wochen zur Blüte kommt und danach nicht mehr. Dies ist vor allem bei Wildrosen der Fall, die sich dafür im Herbst mit Hagebutten schmücken, aber auch bei Alten Rosen, den meisten Ramblern (→ Seite 76) und Parkrosen (→ Seite 74). Bei den Rosen wurde die Unterscheidung notwendig, da es auch öfterblühende Sorten (→ Seite 33) gibt.

22. essbare Blütenblätter: Ich habe schon oft mit Rosenblüten dekorierte Süßspeisen gesehen. Kann man die Blütenblätter mitessen?

Ja, das geht ohne weiteres. Rosenblüten enthalten keinerlei Giftstoffe. Im Gegenteil, in den Klöstern vergangener Jahrhunderte wurde die Rose ihrer Inhaltsstoffe wegen in erster Linie als Heilpflanze kultiviert. Heute fungiert sie in der Küche vor allem als Aromaspender. Deshalb kommen für diesen Zweck nur stark duftende Sorten in Betracht. Ätherische Öle sorgen für den entsprechenden Geschmack. Wenn Sie Rosenblüten verwenden, sollten Sie sie am besten im eigenen Garten pflücken – selbstverständlich nur ungespritzt. Ernten Sie am Vormittag, wenn die Blüten vom Tau getrocknet sind, aber noch nicht zu lange besonnt wurden. Jetzt ist die Konzentration an ätherischen Ölen noch sehr hoch.

EXTRATIPP

Leckere Rosenbowle
Wer ungespritzte Duftrosen im Garten hat, kann ganz einfach Rosenbowle herstellen:
Nehmen Sie 10–12 Blüten, lösen Sie die Blütenblätter ab und entfernen die hellen Stellen am Blütenboden. Dann die Blütenblätter mit ca. 100 g Zucker, einem Gläschen Branntwein, Sherry oder Orangenlikör sowie einer halben Flasche Wein ansetzen und 3–4 Stunden ziehen lassen. Danach absieben und mit Weißwein und Sekt auffüllen.

ALTE ROSEN

'CELSIANA'
Die Damaszenerrose entfaltet einmal im Jahr seidige Blüten mit moschusartigem Duft. Sie wird 150 cm hoch und 120 cm breit.

'CHARLES DE MILLS'
Eine duftende, dunkle Gallica-Rose. Sie blüht einmal im Jahr, dafür aber überreichlich. Sie wächst überhängend, wird 130 cm hoch und ebenso breit.

'FANTIN LATOUR'
Die einmalblühende Zentifolie verströmt einen lieblichen Duft. Sie erreicht stattliche 150–200 cm Höhe und bis zu 150 cm Breite.

'ISPAHAN'
Diese Damaszenerrose verströmt den Duft von »Tausendundeiner Nacht«. Sie ist einmalblühend und wird 130–160 cm hoch.

'LOUISE ODIER'
Die himmlisch duftende Bourbon-Rose gehört zu den öfterblühenden Sorten. Sie wird 150–200 cm hoch und 90 cm breit.

'MUSCOSA'
Als Moosrose vereint diese Sorte einen süßen Zentifolienduft mit würziger Harznote. Sie wird 150–200 cm hoch und etwa 120 cm breit.

'ROSE DE RESHT'
Öfterblühende Damaszenerrose von bezauberndem Duft. Sie bleibt mit 80–100 cm Höhe und 100 cm Breite relativ klein.

ENGLISCHE ROSEN

'ABRAHAM DARBY'
Diese Rose blüht im begehrten Apricotton und duftet sehr fruchtig mit einer herben Note dabei. Sie wird stattliche 150–200 cm hoch und 150 cm breit.

'CONSTANCE SPRY'
Die einmalblühende Kletterrose hat pfingstrosenähnliche Blüten und duftet nach Myrrhe. Sie erreicht 200–350 cm Höhe und bis zu 200 cm Breite.

'GERTRUDE JEKYLL'
Diese Sorte verströmt unbeschreiblichen Rosenduft. Der Strauch wird 130–150 cm hoch und etwa 100 cm breit und treibt rötlich aus.

'GOLDEN CELEBRATION'
Die Sorte duftet zunächst nach Teerosen, später nach Dessertwein und Erdbeeren. Sie wird etwa 120 cm hoch und 120 cm breit.

'HERITAGE'
Die zart gefärbten Blüten dieser Rose remontieren und duften nach Früchten, Honig und Nelken. Die Sorte wird etwa 120 cm hoch und 120 cm breit.

'WILLIAM SHAKESPEARE 2000'
Die Farbe dieser duftenden Sorte ist atemberaubend. Der Strauch wird 100–120 cm hoch und bleibt mit 75 cm Breite sehr schmal.

'WINCHESTER CATHEDRAL'
Eine der wenigen weißen Englischen Rosen. Sie duftet zart nach Mandelblüten und Honig und wird etwa 120 cm hoch und 120 cm breit.

23. Fiederblatt: Es heißt, alle Rosen haben Fiederblätter. Wodurch zeichnen sich Fiederblätter aus?

Unter einem Fiederblatt (→ Bilder Seite 35) versteht man ein Blatt, das sich aus mehreren Einzelblättchen zusammensetzt, die von einem gemeinsamen Stiel getragen werden. Bei Rosen besteht das Fiederblatt meist aus drei, fünf oder sieben Einzelblättchen. Es gibt jedoch auch Arten mit bis zu 15 Einzelblättern. Auf jeden Fall sind Rosenblätter stets unpaarig gefiedert, d. h., sie bestehen immer aus einer ungeraden Anzahl an Einzelblättchen.

24. gefüllt blühend: Wie viele Blütenblätter haben Rosensorten, die als »gefüllt blühend« aufgeführt sind?

Um eine Sorte als gefüllt blühend bezeichnen zu dürfen, muss sie mindestens 20 Blütenblätter pro Blüte aufweisen (→ Bild 3, Seite 15). Viele Rosen bilden aber die doppelte Anzahl von Blütenblättern aus und mehr. Sie werden dann häufig als »stark gefüllt« oder »dicht gefüllt« bezeichnet.

25. Gehölz: Wenn es um Blüten für den Garten geht, werden Rosen immer in einem Atemzug mit Phlox, Rittersporn und anderen Stauden genannt. Sind Rosen nicht Gehölze?

Natürlich sind Rosen Gehölze. Wie bei anderen Bäumen und Sträuchern auch, bleiben ihre verholzten Triebe und Zweige auch im Winter präsent und legen in jeder neuen Saison an Wachstum zu. Während bei Stauden die oberirdischen Teile alljährlich mit den ersten Frösten absterben und nur das Wurzelwerk überwintert, um im Frühjahr neue Sprosse zu treiben. Die meisten Gehölze werden wegen ihrer Dauerpräsenz und ihrer Größe im Garten eher als Strukturele-mente betrachtet. Sie geben Sichtschutz, stecken den Rahmen ab, unterteilen Räume. Viele blühen gar nicht (bzw. unauffällig) oder nur kurz. Rosen dagegen pflanzt man vor allem wegen ihrer Blütenpracht. Besonders öfterblühende Beet- und Flächenrosen, die über viele Sommermonate hinweg für Farbe sorgen und relativ klein bleiben, erfüllen eher die Rabatten-schmuckfunktion, die auch den Stauden und Som-merblumen zukommt. Deshalb wirft man sie gestalte-risch oft in einen Topf.

26. **geviertelte Blüte: Was muss ich mir unter einer »geviertelten Blüte« vorstellen?**

Von geviertelten Blüten (→ Bild 5, Seite 15) spricht man bei dicht gefüllten Rosen, deren Blütenblätter so angeordnet sind, dass im Zentrum der Blüte eine vier-teilige Symmetrie zu erkennen ist. Staubgefäße sind wegen der zahlreichen Petalen nicht mehr zu erken-nen. Die Gesamtblüte nimmt eine flache Schalen- oder Becherform an.
Geviertelte Blüten kennt man vor allem von Alten Rosen, deshalb haftet ihnen etwas »Nostalgisches« an. Inzwischen hat man vielen neuen Romantiksorten diese üppige Blütenform wieder angezüchtet.

27. **Hagebutten: Warum setzen manche Rosen rote Hagebutten an und andere schwarze, die sich auch in den Formen sehr unterscheiden?**

Form und Farbe der Hagebutten (→ Bilder Seite 28) hängen allein von der Rosenart beziehungsweise -sorte ab. So wie es je nach Apfelsorte grüne und rote Äpfel gibt. Man kennt erbsenkleine Hagebutten ('The Garland'), aber auch kastaniengroße wie bei *Rosa rox-burghii,* lang gezogen birnenförmige wie bei *Rosa moyesii* oder kugelrunde etwa bei *Rosa spinosissima.*

Bei den Farben dominieren Rottöne in allen Schattierungen, von Gelb-Orange, über Scharlach- bis Dunkelrot. Daneben existieren aber auch bräunliche, schwarze und sogar grüne Hagebutten. Während manche wie poliert glänzen, tragen andere Borsten oder sogar Stacheln. In jedem Fall stellen sie einen dekorativen Herbstschmuck dar.

Botanisch betrachtet, handelt es sich bei Hagebutten um Sammelfrüchte, d. h., die fleischige Umhüllung bündelt mehrere Samenkörner. Wie viele, hängt wiederum von Art und Sorte ab. Das Spektrum reicht von wenigen einzelnen bis fast 100.

28. **Hagebutten:** Unsere Rose blüht jeden Sommer sehr reichlich, trotzdem setzt sie im Herbst keine oder nur vereinzelte Hagebutten an. Woran liegt das? **?**

Nicht alle Rosensorten können gleichermaßen gut Hagebutten ausbilden. Die besten Hagebuttenträger sind Wildrosen, aber auch viele Flächen- und

1

An der Stacheldrahtrose (Rosa sericea f. pteracantha) entwickeln sich dekorative zweifarbige Hagebutten.

2

Ganz ungewöhnliche Hagebutten mit grüner Schale und Stacheln trägt die Kastanienrose (Rosa roxburghii).

Strauchrosen. Besonders stark gefüllte Sorten, wie z. B. Zentifolien (→ Seite 85), sind oft nicht mehr in der Lage, Früchte anzusetzen, da die Blütenfüllung auf einer Umwandlung von Staub- zu Blütenblättern beruht. Außerdem sind auch unter den gefüllt blühenden Beet-, Edel- und Kletterrosen etliche, die selbststeril sind und keine Hagebutten bilden.

29. **Hagebutten, essen:** Kann man alle Hagebutten essen? Welche Rosen tragen die besten Früchte?

Genießbar sind im Grunde alle Hagebutten. Allerdings unterscheiden sie sich stark in Größe, Fruchtfleischanteil und Vitamingehalt.
Ergiebige Früchte ernten Sie z. B. von der Kartoffelrose (*Rosa rugosa*). Sie bildet relativ große Hagebutten mit einem hohen Fruchtfleischanteil. Unter der Sortenbezeichnung 'Pi-Ro 3' kam außerdem eine Vitaminrosen-Züchtung aus Pillnitz auf den Markt, die sich ebenfalls durch reichen Fruchtansatz, fleischige Hagebutten sowie einen sehr hohen Gehalt an Vitamin C und anderen wertvollen Inhaltsstoffen auszeichnet (→ Info Seite 30).

30. **Hagebutten, verwerten:** Wie kann ich Hagebutten am besten verwerten?

Ernten Sie die Früchte, wenn sie voll ausgereift, also gut durchgefärbt, aber noch fest und knackig sind. Sie können die ganzen Früchte, nur die Samen oder nur die fleischige Fruchthülle verwenden.
➤ Aufgeschnitten und getrocknet, ergeben die ganzen Früchte, aber auch nur die Samen, einen geschätzten, nach Vanille schmeckenden Tee (»Kernlestee«), der gerne bei Erkältungskrankheiten eingesetzt wird.
➤ Frische Hagebutten lassen sich einfach zu Marmelade, Kompott, Soßen und Gelee, aber auch Wein, Saft

und Likör verarbeiten. Entweder Sie entfernen die Samen zum Trocknen für Tee, oder Sie kochen geputzte und halbierte Früchte etwa eine halbe Stunde bei schwacher Hitze und streichen sie anschließend durch ein Sieb, damit Schalen, Samen und Härchen herausgefiltert werden und Sie anschließend die Fruchtmasse weiterverarbeiten können.

31. **halb gefüllt:** Was versteht man unter einer »halb gefüllten« Blüte?

Die Beschreibung »halb gefüllt« bezeichnet Rosenblüten, die sich aus 10–20 Blütenblättern zusammensetzen (→ Bild 2, Seite 15). Im Zentrum der Blüte können in aller Regel die gelben Staubgefäße noch deutlich erkannt werden.

32. **Hybride:** In der Rosen-Fachliteratur lese ich häufig den Begriff »Hybride«. Was genau versteht man darunter?

Eine Hybride ist das Produkt einer Kreuzung (→ Seite 31) aus verschiedenartigen Eltern, bei der das Erbgut neu kombiniert wird. Auf diese Weise entstehen neue Formen, die sich in ihren Eigenschaften von den Eltern unterscheiden bzw. deren Merkmale in neuen Kombinationen aufweisen. Durch

> **EXTRATIPP**
>
> **Vitamin-C-Gehalt von Hagebutten**
> Hagebutten stellen eine hervorragende Vitamin-C-Quelle dar. Zitronen enthalten je 100 g Frischsubstanz circa 60–100 mg Vitamin C. Hagebutten bringen es – je nach Rosenart – auf 1000–2000 mg! Darüber hinaus enthalten sie die Vitamine K, P und das Provitamin A sowie zahlreiche wertvolle Mineralstoffe, wie Kalium, Kalzium, Magnesium und Eisen.

Auslese (Selektion → Seite 39) und gezielte Weiter-
züchtung entstehen so neue Sorten mit neuen und
begehrten Details.

**33. Kelchblatt: Was sind eigentlich die Kelchblät-
ter der Rose, und wo sind sie an der Pflanze zu
finden?**

Die Kelchblätter (→ Zeichnung Seite 36) umgeben
die Blütenknospe der Rose und schützen damit Blütenblätter und Vermehrungsorgane im Stadium des
Heranreifens. Sie werden botanisch Sepalen (→ Seite
39) genannt. Bei Rosen sind es immer fünf (Ausnahme: *Rosa sericea* f. *pteracantha* hat nur vier). Bei geöff-
neter Blüte sind sie von oben meist nicht mehr zu
erkennen. Sie bleiben bedeutend kleiner als die Blütenblätter und behalten stets ihre grüne Farbe bei.
Die Kelchblätter einer Blüte sind verschieden ausge-
formt: Zwei tragen an beiden Seiten kleine Auswüch-
se, den so genannten Bart, eines hat nur an einer Seite
einen Bart, zwei wachsen ohne Bart.
Länge und Stellung der Kelchblätter variieren von
Rosenart zu Rosenart. Letztere fungiert als Unter-
scheidungsmerkmal. Die Kelchblätter können aufrecht, waagerecht oder zurückgebogen sein.

**34. Kreuzung: Kann eine Kreuzung nur durch
züchterische Tätigkeit entstehen, oder gibt es
auch natürliche Kreuzungen?**

Unter einer Kreuzung versteht man die Paarung zweier unterschiedlicher Elternorganismen, also z. B. zweier verschiedener Rosenarten oder -sorten. Es handelt
sich dabei grundsätzlich um eine normale geschlechtliche Vermehrung. Der Pollen des einen Partners trifft
auf die Narbe des anderen. Das passiert in der Natur
auf natürlichem Wege, etwa bei der Bestäubung durch
Insekten oder durch Wind, kann aber auch durch ge-

zielte züchterische Eingriffe stattfinden. Die Kombination beider Erbanlagen lässt neue Individuen entstehen, z. B. mit anderen Blütenfarben, aus denen neue Sorten entwickelt werden können. Gezielte Kreuzungen führen Züchter dann durch, wenn ein ganz bestimmtes Elternpaar kombiniert werden soll und man Fremdbestäubung ausschließen möchte. Zu diesem Zweck entfernt man die Staubbeutel der Mutterpflanze vor der Pollenreife, um Selbstbefruchtung zu vermeiden. Die Blüten werden in kleine Säckchen »eingetütet«, um sie vor Insektenflug zu schützen. Nach der Reife der Pollen an der Vaterpflanze wird dieser mit einem feinen Pinsel auf die Narbe der Mutter übertragen.

35. **Mutation:** Von manchen Rosensorten heißt es, sie seien durch Mutation entstanden. Was bedeutet das?

Unter einer Mutation versteht man eine plötzliche – im Fachjargon heißt es spontan auftretende – Veränderung des Erbguts, was zur Ausbildung neuer Eigenschaften führt. Bei Rosen entstanden auf diese Weise z. B. von einigen Sorten kletternde oder andersfarbige Varianten. Man spricht dann auch von »Sports«. Vermehrt man diese veränderten Pflanzenteile vegetativ weiter, wird das neue Merkmal weitergegeben und auf diese Weise erhalten.

36. **Nachblüte:** In Sortenbeschreibungen treffe ich häufig auf den Begriff »Nachblüte«. Was versteht man darunter?

Dieser Begriff beschreibt den Blührhythmus (→ Seite 13) einer Sorte. Alle Rosen öffnen zur Hauptblütezeit im Juni/Juli ihre Knospen. Manche Sorten legen dann über den Spätsommer eine Blühpause ein oder bilden allenfalls vereinzelte Blüten nach, ehe sie dann im

Herbst, meist ab Ende August/September, einen weiteren Flor hervorbringen – die Nachblüte (→ remontierend Seite 34). In der Regel fällt sie schwächer aus als die erste Blüte. Nur unter den Bourbon-Rosen (→ Seite 58) gibt es viele Sorten, deren Blütenschwerpunkt im Herbst liegt.

37. **öfterblühend:** **Was bedeutet öfterblühend? Wie oft können Rosensorten denn blühen?**

Öfterblühende Rosensorten haben die Fähigkeit, nach der Hauptblüte im Juni/Juli mehrere weitere Blüten (-schübe) hervorzubringen, oft bis zu den ersten Frösten. Sie verdanken diese Eigenschaft der Tatsache, dass sie auch an diesjährigen Trieben Blüten bilden können. Zwischen den einzelnen Blütenschüben können mehr oder minder deutliche Pausen liegen – das hängt ganz von der Sorte ab.
Es gibt sogar Sorten, vor allem unter den Flächenrosen, die nahezu ununterbrochen durchblühen, wenn auch in unterschiedlicher Intensität.

38. **ökologischer Nutzen:** **Haben Gartenrosen auch einen ökologischen Wert, indem sie z. B. der heimischen Tierwelt Nahrung bieten?**

Rosensorten, die reichlich Pollen tragen, werden gerne von Bienen, Hummeln und anderen Insekten beflogen. Vor allem Wildrosen mit ihren einfachen, schalenförmigen Blüten, die noch zahlreiche, gut zugängliche Staubgefäße enthalten, sind beliebte Nahrungsquellen. Studien belegen, dass bis zu 103 verschiedene Insektenarten heimische Wildrosen besuchen. Außerdem liefern die Hagebutten bis in den Winter hinein vielen Vögeln eine vitaminreiche Kost. Nicht zuletzt bieten Rosenhecken und Bodendeckerrosen durch ihr dichtes Gesträuch Vögeln Nistplätze und Kleintieren, wie Igeln, Schutz und Unterschlupf.

39. Okulation: Ich habe gehört, Rosen werden hauptsächlich durch Okulation vermehrt. Warum ist das so?

Tatsächlich ist die Okulation heute die gängigste Art der Rosenvermehrung. Es handelt sich um eine vegetative Vermehrungsart. Ein Auge einer Edelsorte wird auf eine Wildlingsunterlage veredelt (→ Seite 162). Letztere bildet später nur noch das Wurzelwerk der neuen Pflanze. Die Krone baut die Edelsorte auf. Die Okulation erlaubt die schnelle Vervielfältigung einer Sorte in großen Stückzahlen – auch bei wenig Ausgangsmaterial, etwa weil die Sorte neu ist. Sie erfordert etwas Übung. Für den Hobbygärtner gibt es einfachere Methoden der Vermehrung (→ Seite 44).

40. Petalen: In Katalogen und Zeitschriften stoße ich oft auf den Begriff »Petalen«. Was ist darunter zu verstehen?

Als Petalen bezeichnen Botaniker die farbigen (oder auch weißen) Blütenblätter der Rose (→ Zeichnung Seite 36). Zu Deutsch nennt man sie auch Kronblätter. Die einfache Rosenblüte zählt in der Regel fünf Petalen. Bei gefüllten Blüten können es 20–100 sein.

41. remontierend: In der Sortenbeschreibung meiner Strauchrose steht der Hinweis »remontierend«. Was bedeutet das?

Remontierend heißt, dass diese Sorte in der Lage ist, nach der Hauptblüte im Sommer weitere Blüten zu bilden. Dabei hält die Pflanze meist eine Blühpause ein und produziert dann ab Ende August/September einen zweiten Blütenschub (→ Nachblüte Seite 32). Diese Fähigkeit geht auf die Eigenschaft der Rose zurück, an neu gebildeten, diesjährigen Trieben Blüten ansetzen zu können.

42. Rosenblatt: **Meine Rose trägt einzelne kleine Blättchen, die dann noch mal zu fünft an einem Stiel sitzen. Nennt man erst diese Einheit ein Rosenblatt?**

Ja. Rosen bilden so genannte Fiederblätter (→ Seite 26). Diese setzen sich aus mehreren Einzelblättchen zusammen, die von einem gemeinsamen Stiel getragen werden. Die Anzahl der Einzelblätter kann je nach Art bzw. Sorte variieren. Darüber hinaus unterscheiden sich die Rosenblätter auch in Größe, Farbe und der Oberflächenbeschaffenheit.

43. Rosenblüte: **Es gibt so viele verschiedene Blütenformen. Wie ist eigentlich eine ganz »normale« Rosenblüte aufgebaut?**

So unterschiedlich Rosenblüten heute auch aussehen mögen, sie gehen alle auf eine Ausgangsform zurück. Die »Ur-Rosenblüte« (→ Zeichnung Seite 36) trägt

1 *Rosenblätter sind immer unpaarig gefiedert. Anzahl und Größe der Einzelblätter variieren jedoch je nach Art.*

2 *Auch in der Oberflächenbeschaffenheit zeigen sich Unterschiede. Einige Arten haben eine sehr schöne Herbstfärbung.*

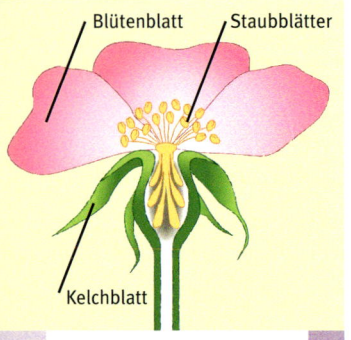

Blütenblatt   Staubblätter

Kelchblatt

Eine einfache Rosen-blüte besteht aus fünf Blütenblättern, fünf Kelchblättern und vie-len Staubgefäßen.

fünf Blüten- und fünf Kelchblätter. In der Mitte dieser einfachen Blüte befin-det sich ein Kranz aus gold-gelben Staubgefäßen.
Alle Wildrosen tragen solche Blüten, außerdem viele Rambler und Flächenrosen sowie etliche Strauchrosen. Die meisten der heute gän-gigen Rosensorten besitzen jedoch mehr oder weniger dicht gefüllte Blüten, die sich im Laufe der Jahrhun-derte entwickelten (→ Blü-tenformen Seite 14/15).

44. Rosenöl: Welche Rosen werden in der Regel für die Gewinnung von Rosenöl verwendet?

Da die ätherischen Öle, die Träger der Duftstoffe (→ Seite 21), in den Blütenblättern am höchsten konzen-riert sind, dienen die Blüten intensiv duftender Sorten als Ausgangsmaterial für die Rosenölproduktion.
Am häufigsten wird die Damaszenerrose 'Trigintipe-tala' zur Herstellung von Rosenöl verwendet. Verar-beitet werden aber auch andere Damaszenersorten sowie Zentifolien.
In Frankreich wird nach wie vor die Apothekerrose (*Rosa gallica* 'Officinalis') zur Herstellung von Rosenöl verwendet.

45. Rosenöl, Herstellung: Wie wird Rosenöl her-gestellt, und warum ist es so teuer?

Rosenöl wird in erster Linie durch Destillation fri-scher Duftrosenblätter hergestellt. Dazu setzt man fri-sche Rosenblüten heißem Wasserdampf aus, der ihnen die flüchtigen ätherischen Öle entzieht. Der aufsteigende Dampf wird aufgefangen, abgekühlt und in speziellen Gefäßen kondensiert. Auf dem Kondenswasser (→ Rosenwasser) schwimmt das leichtere ätherische Öl obenauf und wird einfach abgeschöpft. Da enorme Blütenmengen für die Rosenölproduktion notwendig sind – die Gewinnung von einem Kilogramm Rosenöl erfordert ca. 3000 Kilogramm frische Blütenblätter –, ist reines Rosenöl noch heute eine Kostbarkeit und wird teuer gehandelt.

Als Billigalternative erhält man oft »Rosenöl« aus Storchschnabelgewächsen. Diese Pflanzen enthalten, ebenso wie das Rosenöl, den Duftstoff Geraniol und riechen daher auch »rosig«.

46. Rosenwasser: Stimmt es, dass Rosenwasser ein »Abfallprodukt« aus der Herstellung von Rosenöl ist?

Das ist richtig. Rosenwasser entsteht während der Destillation der Blüten zu Rosenöl quasi als Nebenprodukt – das ätherische Öl wird abgeschöpft, Rosenwasser bleibt zurück.

Als Aromaspender für Küchenzwecke können Sie ganz einfach und wenig aufwändig eigenes »Rosenwasser« herstellen (→ Extratipp Seite 38).

47. Rosette: Wann nennt man die Blüte einer Rose »Rosette«?

Von einer Blütenrosette spricht man, wenn die Blütenblätter einer dicht gefüllten Blüte in konzentrischen Kreisen um die Mitte herum angeordnet sind, und zwar von Reihe zu Reihe versetzt. Die Blüte insgesamt ist sehr flach gebaut.

Typische Rosettenblüten findet man vor allem unter den Alten und Englischen Rosen, z. B. bei der Sorte 'Gertrude Jekyll' (→ Bild 4, Seite 15).

48. schwachwüchsig: Auf der Suche nach einer passenden Bodendeckerrose lese ich in Katalogen immer wieder den Zusatz »schwachwüchsig«. Was bedeutet das?

Bodendeckerrosen (→ Seite 57) werden mit sehr unterschiedlichen Wuchsformen gehandelt. Einige wachsen flach niederliegend, d. h., sie werden breiter als hoch. Diese Gruppe unterteilt man noch einmal in stark- und schwachwüchsige Sorten.
➤ Starkwüchsige Sorten können durchaus rund einen Meter hoch werden, aber durch extrem lange Triebe dennoch breit niederliegend wirken.
➤ Schwachwüchsige Sorten erreichen meist nur Höhen von 30–50 cm, bilden aber dennoch bis zu einen Meter lange Triebe, wobei ein fast »kriechender« Eindruck entsteht.

49. selbstreinigend: In der Fachliteratur stoße ich hin und wieder auf den Begriff »selbstreinigend«. Was versteht man darunter?

Bei selbstreinigenden Sorten rieseln die Blütenblätter nach dem Verwelken einfach vom Fruchtknoten ab. Bei anderen Rosen bleiben die welkenden Blütenblät-

EXTRATIPP

Rosenwasser selbst herstellen

Pflücken Sie – am besten am frühen Vormittag – 2–3 Hände voll frische, ungespritzte Blüten von stark duftenden Sorten. Zupfen Sie die Blütenblätter ab und übergießen Sie sie mit 1/2 Liter leicht erwärmtem Wasser. Das Ganze dann zwei Tage bei Zimmertemperatur stehen lassen. Danach sieben Sie die Flüssigkeit ab und übergießen damit noch einmal zwei Handvoll frische Blütenblätter. Nach weiteren zwei Tagen erneut absieben und in sterilisierte Gefäße abfüllen – fertig.

ter an der Blüte hängen und verbräunen – was ein Abschneiden der Blüte erforderlich macht. Selbstreinigung stellt daher vor allem für Flächenrosen, die im öffentlichen Grün verwendet werden und wenig Pflegeaufwand verursachen sollen, ein wichtiges Kriterium dar.

50. Selektion: **Was verbirgt sich hinter dem Begriff »Selektion«?**

Mit Selektion bezeichnet man die Auswahl vielversprechender Sämlinge während der Rosenzüchtung (→ Seite 49). Zunächst werden die Samen aus Hagebutten gewonnen und ausgesät. Die aufgehende Saat wird weiterkultiviert, regelmäßig gesichtet und im Hinblick auf Eigenschaften wie Blütenschönheit, Robustheit oder neue Merkmale beurteilt. Nur die Besten werden weitervermehrt (selektiert), um eventuell als neue Sorten auf den Markt zu kommen.

51. Sepalen: **In Sortenbeschreibungen steht immer wieder einmal der Begriff »Sepalen«. Was ist damit gemeint?**

Sepalen nennt der Fachmann die grünen Kelchblätter, die die Rosenblüte (→ Zeichnung Seite 36) im Knospenstadium einhüllen. Anhand ihrer verschiedenartigen Stellung beim Öffnen der Blüte kann der Botaniker verschiedene Rosenarten unterscheiden.

52. Stacheln: **Ich habe gehört, dass Rosen keine Dornen, sondern Stacheln haben? Ist diese Behauptung richtig?**

Ja. Botanisch betrachtet bilden Rosen Stacheln und keine Dornen – auch wenn in der Poesie und Literatur immer wieder von Dornen die Rede ist.

➤ Stacheln sprießen aus dem Rindengewebe. Sie sitzen so zusagen nur auf dem Trieb auf und lassen sich daher auch leicht entfernen. Sie können sehr unterschiedlich geformt sein (→ Bilder unten). Es gibt sehr dichte Bestachelung, aber auch sehr spärliche.

➤ Dornen (→ Seite 18) treiben aus dem Holzkörper aus und sind darin fest verankert.

53. **starkwüchsig:** Ist mit »starkwüchsig« eine bestimmte Wuchshöhe oder die Wuchskraft der Pflanze gemeint?

Als starkwüchsig bezeichnet man Rosen (oder Gehölze allgemein) von besonders vitalem Wuchs, d. h., sie

Die Triebe der Bibernellrose (R. spinosissima) sind ausgesprochen dicht und unregelmäßig mit Stacheln besetzt.

1

Die harten roten Stacheldreiecke gaben der Stacheldrahtrose (R. sericea f. pteracantha) ihren Namen.

2

Die Rugosa-Sorte 'Abelzieds' entwickelt dicht an dicht sitzende, grasgrüne Borstenstacheln.

3

bilden sehr kräftige Triebe, treiben reichlich aus, verzweigen sich gut und erreichen stattliche Höhen. Ein konkretes »Gardemaß« ist mit dem Begriff aber nicht verbunden, da es starkwüchsige Sorten in allen Wuchsformen (→ Seite 46) gibt. Eine starkwüchsige Flächenrose bleibt deswegen dennoch kleiner als eine starkwüchsige Strauchrose oder ein starkwüchsiger Rambler. Die Angabe hilft nur, um innerhalb der Gruppen einen Vergleich herzustellen.

54. Staubblätter: Manche Rosen haben deutlich sichtbare Staubblätter, bei anderen Sorten findet man gar keine. Woran liegt das?

Das hängt mit dem Füllungsgrad der Blüte zusammen. Bei Wildrosen und allen Sorten mit einfacher Blüte (→ Bild 1, Seite 15) leuchtet deutlich sichtbar in der Mitte der Blüte ein gelber Kranz aus Staubgefäßen. Auch bei halb gefüllten Blüten ist er noch gut erkennbar. Bei gefüllten dagegen selten oder erst im Abblühen, wie das z. B. bei vielen Edelrosen der Fall ist. Die sehr dichte Füllung Alter oder Englischer Rosen beruht auf einer Umwandlung von Staub- zu Blütenblättern, so dass Erstere nur noch spärlich vorhanden und/oder in der dichten Blüte versteckt sind.

55. Tiefwurzler: Ich habe gehört, Rosen seien Tiefwurzler. Hat das für die Verwendung im Garten Konsequenzen?

Pflanzen bilden sehr unterschiedliche Wurzelsysteme aus. Manche streifen mit ihren Wurzeln knapp unter der Erdoberfläche entlang, andere bilden lange Pfahlwurzeln, die tief in den Boden reichen und sich kaum verzweigen. Bei wieder anderen breitet sich der Wurzelballen herzförmig aus.
Rosen gehören zu den Tiefwurzlern, d. h., sie sind nicht nur gut in der Erde verankert, sie können sich

auch Bodenschichten erschließen, die für andere Pflanzen nicht mehr erreichbar sind. Dort brauchen sie nicht um Wasser und Nährstoffe zu konkurrieren. Diese Eigenschaft hat für den Gärtner die angenehme Konsequenz, dass er Rosen nicht sehr viel zu gießen braucht (von der Anwachsphase abgesehen!). Es heißt aber auch, dass ein tiefgründiger, lockerer Boden wichtig ist. Verdichtete Schichten können sich wie eine Wurzelsperre auswirken und zu Kümmerwuchs führen. Sie müssen daher vor dem Pflanzen aufgelockert werden (mindestens einen Meter tief).

56. Unterlage: Was versteht man eigentlich bei Rosen unter einer »Unterlage«?

Fast alle im Handel erhältlichen Rosensorten sind veredelt, d. h., auf vorgezogene Wildrosen werden Edelaugen der Sorten okuliert (→ Seite 34). Eine veredelte Rose besteht also in allen oberirdischen Teilen aus der Edelsorte, der Wurzelstock jedoch aus der Wildrose. Sie bildet die so genannte Unterlage.
Meist verwendet man dazu *Rosa corymbifera* 'Laxa'. Sie entwickelt kräftige, mindestens 60 cm tief reichende Hauptwurzeln und kann daher den Strauch hervorragend mit Wasser und Nährstoffen versorgen. Auch die Frosthärte vieler Edelsorten wird dadurch deutlich erhöht. Aber auch andere Wildrosen, meist Sämlinge, finden heute noch als Unterlagen Verwendung, z. B. *Rosa canina* oder *Rosa wichuriana*.

57. verblauen: Ich habe gelesen, dass manche Rosensorten zum Verblauen neigen. Was bedeutet das?

Rot blühende Rosen verändern im Laufe des Abblühens ihre Farbe. Mit zunehmendem Welkegrad tendiert die Farbe dann mehr ins blass Violette. Diesen Vorgang nennt man Verblauen.

58. Veredlung: Warum sind eigentlich fast alle Rosen veredelt? Welche Vorteile bringt das?

Die Veredlung hat sich aus mehreren Gründen durchgesetzt. Zum einen verbessert eine gute Unterlage (→ Seite 42) bei Edelsorten die Wuchskraft, die Frosthärte sowie die Widerstandsfähigkeit gegen Krankheiten. Damit bietet sie einen echten Entwicklungs- und Überlebensvorteil. Zum anderen ermöglicht die Veredlung die rasche Vermehrung (→ Seite 44) neuer Sorten in großen Stückzahlen. Um eine Rosensorte wirklich sortenrein zu erhalten – also Nachkommen zu erzeugen, die alle Eigenschaften der Mutterpflanze aufweisen –, muss man sie vegetativ vermehren. Die effizienteste Methode dafür ist die Okulation (→ Seite 34), bei der ein einziges Edelauge genügt, um eine neue Pflanze heranzuziehen.

59. Veredlungsstelle: Die Veredlungsstelle soll beim Pflanzen unter die Erde. Wo sitzt sie genau, und woran erkennt man sie?

Die Veredlungsstelle befindet sich am Wurzelhals, d. h., dem Bereich zwischen Kronenansatz und Wurzelstock. An dieser Stelle wurde bei der Okulation das Edelauge seitlich auf die Unterlage gesetzt. Inzwischen ist es angewachsen und mit ihr verwachsen, was an einer knotigen Verdickung zu erkennen ist. Eine Ausnahme bilden Stammrosen. Bei ihnen befindet sich die Veredlungsstelle in Kronenhöhe.

Die Veredlungsstelle ist in der Regel deutlich an der knotigen Verdickung am Wurzelhals zu erkennen aus der Triebe sprießen.

60. Vererbung: Wie vererben sich Merkmale? Wie muss man Elternsorten kombinieren, um bestimmte Eigenschaften zu erzielen?

Diese Frage stellen sich Jahr für Jahr zahlreiche Züchter, und auch die erfahrensten und erfolgreichsten unter ihnen sind dabei auf Versuch und Irrtum angewiesen. Zwar weiß man seit Gregor Mendel um die grundlegenden Gesetzmäßigkeiten der Vererbungslehre. Er wies vor rund 150 Jahren nach, dass es dominant und rezessiv vererbbare Merkmale gibt. Bei der Kombination zweier Eltern, die sich nur in einem Merkmal unterscheiden, wird das rezessive in der ersten Generation der Nachkommen vollkommen verschwinden. In der zweiten Generation tritt es jedoch bei einem Viertel der Nachkömmlinge wieder auf. Rosen unterscheiden sich jedoch in einer Vielzahl von Merkmalen, die auf Tausenden von Erbanlagen (Genen) beruhen. Manche Gene sind frei kombinierbar, andere in so genannten Kopplungsgruppen zusammengefasst. Die Dominanz der Merkmale tritt in verschiedenen Abstufungen auf. Diese Komplexität macht daher genaue Prognosen unmöglich.

61. Vermehrung: Welche Methoden der Vermehrung von Rosen gibt es, und welche ist für den Hobbygärtner am besten geeignet?

Rosen können auf vielerlei Weise vermehrt werden. Jede Methode hat ihre Vor- und Nachteile. Generell muss man zwischen **generativer** (geschlechtlicher) und **vegetativer** (ungeschlechtlicher) Vermehrung unterscheiden.

➤ **Aussaat** (→ Seite 13, 139)**:** Auf diesem Wege findet die geschlechtliche Vermehrung statt. Die Narbe, der weibliche Teil der Blüte, wird vom männlichen Pollen befruchtet. Es wächst eine Hagebutte heran, die mit Samen gefüllt ist. Durch die Kombination der Erbanlagen beider Eltern können Individuen mit neuem

Aussehen und neuen Eigenschaften entstehen, was für die Rosenzucht unabdingbar ist. Für den Hobbygärtner, der eine bestimmte Rose vermehren will, eignet sich diese Methode nicht, da die Sämlinge nie völlig identisch mit der Mutterpflanze ausfallen!

Will man sortenrein vervielfältigen, muss man **vegetativ** vermehren. Dazu gibt es verschiedene Methoden:

➤ **Absenker** (→ Seite 10, 136): Langtriebige Rosen lassen sich im Spätherbst oder Frühjahr gut durch Absenker vermehren.

➤ **Ausläufer** (→ Seite 12): Manche Rosen breiten sich unterirdisch über ihre Wurzelstöcke aus und schieben in geringer Entfernung von der Mutterpflanze neue Triebe ans Licht. Diese bewurzeln sich und können im Frühjahr mit dem Spaten abgetrennt und an anderer Stelle gepflanzt werden.

➤ **Grünstecklinge:** Bei dieser Vermehrungsart (→ Seite 148), die allerdings einigen Pflegeaufwand verursacht, schneidet man im Sommer Zweige, die kräftig, aber noch nicht verholzt sind, und verwendet sie als »Stecklinge«.

➤ **Okulation** (→ Seite 34, 162): Diese Methode wird vor allem im Profi-Gartenbau verwendet. Sie erfordert etwas Übung, erlaubt jedoch die schnelle Vermehrung neuer Sorten in großen Stückzahlen.

➤ **Steckhölzer:** Diese einfache und zuverlässige Methode (→ Seite 176) funktioniert am besten bei Strauch-, Kletter- und Flächenrosen.

62. **Wildtrieb: Woran erkenne ich einen Wildtrieb, und warum ist es so wichtig, ihn schnell zu entfernen?**

Bei Wildtrieben (→ Seite 11), die aus der Veredlungsunterlage austreiben, haben die Blätter meist eine abweichende Farbe und sind oft kleiner und stärker gefiedert (→ Fiederblatt Seite 26) als das übrige Laub. Die Triebe sind oft stachellos oder spärlich bestachelt, da als Unterlage häufig *Rosa multiflora* und die stachellose *Rosa corymbifera* 'Laxa' verwendet werden. Wildtriebe sollten an der Ansatzstelle unter der Erde abgerissen werden. Da die Unterlage (→ Bild Seite 42) in der Regel aus einer starkwüchsigen Wildrose besteht, würden die Wildtriebe die schwächere Edelsorte schnell überwuchern.

63. **Wuchsformen:** **Wie kam die Einteilung der Rosen in unterschiedliche Wuchsformen zustande?**

Alle Rosen sind Gehölze, und alle europäischen Wildformen bilden relativ stattliche Sträucher. Dieses Erbe ist bei den so genannten Alten Rosen auch noch deutlich erkennbar. Sie werden heute alle der Gruppe der **Strauchrosen** (→ Seite 82) zugerechnet.

Mit Einführung der öfterblühenden Chinarosen (→ Züchtung Seite 49) kamen schwachwüchsigere Kulturformen nach Europa und lösten einen ungeheuren Züchtungsboom aus. Aber auch asiatische Wildrosen wurden zunehmend zur Züchtung mit herangezogen. So leisteten die langtriebigen Formen *Rosa wichuriana* und *Rosa multiflora* einen wichtigen Beitrag zur Entwicklung der **Kletterrosen**.

Bald entstanden Sorten völlig unterschiedlicher Statur, die aus komplexen, mehrfachen Kreuzungen bestanden. **Polyantha- und Floribundarosen** kamen auf den Markt, und bald fiel die Einteilung nach Rosenklassen (→ Seite 79), die sich am Stammbaum der Sorten orientieren, äußerst schwer. Deshalb ging man dazu über, das moderne Rosensortiment nach Wuchsformen einzuteilen, da diese in erster Linie über die Verwendung im Garten entscheiden. Man unterscheidet daher heute:

➤ Beetrosen (→ Seite 55)
➤ Flächenrosen (→ Seite 63)
➤ Kletterrosen (→ Seite 67)
➤ Strauchrosen (→ Seite 82)
➤ Zwergrosen (→ Seite 86)

64. wurzelechte Rosen: Mir wurde empfohlen, für eine Hecke wurzelechte Rosen zu verwenden? Was ist das, und worin besteht ihr Vorteil?

Wurzelechte Rosen sind unveredelte Rosen, die auf eigener Wurzel stehen. Fast alle im Fachhandel erhältlichen Rosen werden veredelt (→ Seite 43). Wurzelechte Rosen bilden ein flacheres Wurzelwerk aus. Diese Eigenschaft ist z. B. bei Zwergrosen erwünscht, da sie damit besser in Pflanzgefäßen gedeihen. Wurzelechte Rosen treiben auch gelegentlich Ausläufer, was sich bei Hecken- und Bodendeckerrosen als vorteilhaft erweist, da diese schließlich schnell eine geschlossene Reihe oder Fläche bilden sollen. Außerdem entfällt dann das Entfernen von Wildtrieben – das im Rosendickicht kein Vergnügen bedeutet.

65. Zimmerrosen: Was versteht man unter »Zimmerrosen«? Handelt es sich hier um Schnittblumen?

Nein, mit Schnittblumen oder Vasenrosen haben diese Winzlinge nichts gemein. Als Zimmerrosen bezeichnet man häufig Topfröschen, die der Fachhandel gezielt zur Innenraumdekoration in kleinen Pflanzgefäßen anbietet. Man kann sie inzwischen nahezu rund um das Jahr erstehen. In der Regel handelt es sich hier um Miniaturrosen (→ Seite 70), die von Haus aus klein bleiben, sich gut verzweigen und bei guter Pflege wochenlang blühen. Meist stehen sie auf eigener Wurzel – das erleichtert die Topfkultur. Im Zimmer stellt man sie am besten an ein helles Fenster, das jedoch nicht zu viel pralle Sonne abbekommen sollte. Ideal für eine reiche Blüte sind Raumtemperaturen um 20 °C und sehr regelmäßige Wassergaben (→ Seite 187). Die meisten dieser Zwergsorten genießen jedoch gerne die Sommerfrische im Freien auf Balkon und Terrasse. Reichlich natürliches Licht und luftige Verhältnisse fördern ihre Gesundheit.

Zum Auspflanzen in den Garten eignen sich Zimmerrosen nur bedingt. Zwar sind die meisten Sorten durchaus winterhart, da Zimmerrosen aber meist unter Gewächshausbedingungen angezogen werden und wochenlang bei Wohnraumtemperaturen verwöhnt werden, überstehen sie den Umzug in den Garten oft nicht. Wer jedoch etwas Geduld aufbringt und die kleinen Zöglinge gut pflegt (vor allem Winterschutz), kann durchaus mit Erfolg belohnt werden.

66. Züchtung: Wie verläuft die Züchtung einer neuen Rosensorte, und wie viel Zeit nimmt sie in Anspruch? **?**

Trotz aller Fortschritte in der Genetik bleibt die Züchtung einer neuen Rosensorte weitgehend eine Sache von Versuch und Irrtum (→ Vererbung Seite 44). Die Rose ist die älteste Kulturpflanze der Welt. Seit Jahrtausenden ziert sie unsere Gärten, wurde immer wieder ausgelesen, mutierte, unterlag natürli-

Zimmerrosen mögen es hell, vertragen aber keine pralle Sonne.

chen Kreuzungen und wird seit zwei Jahrhunderten intensiv züchterisch bearbeitet.

Moderne Rosensorten sind hochkomplexe Kreuzungen, die aus einer langen Reihe von Generationen hervorgingen, in denen immer wieder unterschiedlichstes genetisches Material kombiniert wurde. Was bei erneuten Kombinationen verschiedener Elternsorten herauskommt, lässt sich nur schwer vorhersagen. Erfolgreiche Rosenzüchter führen deshalb jährlich Tausende von Kreuzungen durch, in der Hoffnung, dass einige wenige Exemplare das Zeug zu einer neuen Sorte haben.

Der Ablauf der Züchtung gliedert sich in folgende Schritte:

➤ In der Planungsphase wählt der Züchter zwei Kreuzungspartner aus, von denen er sich die Vererbung gewünschter Merkmale verspricht.

➤ Im Sommer erfolgt die Bestäubung in möglichst hoher Stückzahl. Dazu werden die Blüten der Muttersorte vor dem Öffnen von Blüten- und Staubblättern befreit, um eine Selbstbefruchtung auszuschließen. An der Vatersorte schneidet man die reifen Staubgefäße ab, fängt sie auf und lässt sie trocknen. Mit dem Pollenstaub wird dann die Muttersorte bestäubt.

➤ Ein Papiertütchen schützt die bestäubte Blüte vor weiteren, unerwünschten Befruchtungen. Darunter wachsen – bei erfolgreicher Bestäubung – dann die Früchte (Hagebutten) heran.

➤ Im Herbst sammelt man die reifen Hagebutten ab, holt die Samenkörnchen heraus und sät sie aus (→ Seite 139).

➤ Ein Jahr später treiben die ersten Sämlinge Blüten. Ab jetzt wird laufend selektiert (→ Seite 39). Vielversprechende Exemplare werden vermehrt und weiter beobachtet.

➤ Vor der Markteinführung einer neuen Sorte muss sie in größeren Stückzahlen produziert werden.

➤ Der Verkauf einer Neuheit im Fachhandel erfolgt frühestens 8 Jahre nach der Versuchskreuzung – kein Wunder, dass neue Sorten nicht ganz billig sind.

Hilfreiches Rosen-Einmaleins

Rosenklassen, Sortengruppen, Wuchsformen, Züchtersortimente – ein Buch mit sieben Siegeln? Dieses Kapitel gibt Ihnen Orientierungshilfen, damit Sie sicher durch das vielfältige Rosenangebot navigieren.

67. ADR-Rosen: Auf der Suche nach besonders robusten Rosen hat man mir ADR-Rosen empfohlen. Wofür steht die Abkürzung ADR?

Das ADR-Prädikat zeichnet Rosensorten aus, die die härteste Rosenprüfung der Welt bestanden haben.

ADR steht für »Allgemeine Deutsche Rosenneuheiten-Prüfung«. Nur Sorten, die diese Prüfung – die härteste Rosenprüfung der Welt – bestehen, bekommen das ADR-Prädikat verliehen. Das Verfahren wurde 1950 eingeführt, um bei der Fülle der jährlichen Neuzüchtungen gemeinsame Qualitätsstandards festzulegen. Bewertet werden dabei Eigenschaften wie Blühfreudigkeit, Farbe, Blütenaufbau, Duft, Winterhärte und Wuchsform. Seit 1975 steht vor allem die Widerstandsfähigkeit gegen Pilzkrankheiten und Schädlinge im Vordergrund. Um diese Eigenschaften beurteilen zu können, wachsen die Prüfsorten, ohne mit Pflanzenschutzmitteln behandelt zu werden, mindestens drei Jahre lang an elf verschiedenen Standorten in Deutschland. Ein Arbeitskreis aus Mitgliedern des Bundes Deutscher Baumschulen, Rosenzüchtern und Fachleuten unabhängiger Prüfgärten führt die Bewertung durch. Nur bei Erreichen einer Mindestpunktzahl erhält eine Neuzüchtung das ADR-Prädikat. Von mittlerweile über 1500 getesteten Sorten tragen derzeit nur 144 die begehrte Auszeichnung. Sie kann auch wieder aberkannt werden, wenn eine Sorte nach einigen Jahren die Anforderungen nicht mehr erfüllt. Die Widerstandsfähigkeit gegenüber Pilzkrankheiten kann z. B. im Lauf der Zeit nachlassen, weil sich Erregerstämme verändern. Das kann dann zum Verlust des Prädikats führen.

68. Alba-Rosen: Was sind Alba-Rosen, und wodurch zeichnen sie sich aus?

Alba-Rosen sind eine der ältesten Rosenklassen der Welt, daher zählt man sie heute zu den Alten oder auch Historischen Rosen. Vermutlich kannte man sie schon im antiken Rom. Wörtlich übersetzt bedeutet der Name *Rosa alba* »weiße Rose« und deutet bereits auf ein wesentliches Merkmal hin: Alba-Rosen blühen alle weiß oder in sehr hellen Rosatönen, und sie tragen graugrünes Laub. Diese Kombination verleiht ihnen eine sehr romantische Ausstrahlung. Die Blüten sind meist dicht gefüllt und duften hervorragend. Einige Sorten wie 'Suaveolens' blühen auch nur halb gefüllt. Die Sträucher werden oft sehr stattlich und erreichen Höhen von 1,5–3 m.
Alba-Rosen gehören zu den winterhärtesten Rosen. Sie gedeihen auch noch in kühlen Höhenlagen oder auf halbschattigen Standorten, wo andere Rosen längst kapitulieren. Man vermutet, dass die Alba-Rosen auf eine natürliche Kreuzung der Hundsrose (*Rosa canina*) mit der Damaszenerrose (*Rosa × damascena*) zurückgehen.

69. Alte Rosen: Was genau versteht man unter Alten Rosen? Handelt es sich hier um einen Alters- oder einen Stilbegriff?

Die Definition für Alte Rosen, die die Amerikanische Rosengesellschaft formulierte, lautet:
Eine Rose ist eine Alte Rose, wenn die Klasse, der sie angehört, bereits vor 1867 in Kultur war. Einzelne Sorten dieser Klassen können dabei durchaus später entstanden sein, entscheidend ist der Stammbaum der Elternsorten. 1867 gilt deshalb als Stichtermin, weil in diesem Jahr die erste Teehybride (→ Seite 84) entstand, die unter dem Sortennamen 'La France' in den Handel kam. Dieser Prototyp der Edelrosen läutete das Zeitalter der Modernen Rosen (→ Seite 71) ein.

Kennzeichnend für Alte Rosen sind ihr intensiver Duft sowie meist sehr dicht gefüllte, flache Blütenschalen, die in der Mitte oft geviertelt (→ Seite 15) sind. Diese Eigenschaften verleihen den Rosen ihren typischen romantischen und nostalgischen Charme und führten dazu, dass der Ausdruck »Alte Rose« heute tatsächlich häufig als Stilbegriff verwendet wird. Zu den Stammformen der Alten Rosen gehören Gallica-, Alba- und Damaszener-Rosen. Sie sind seit Jahrtausenden in Europa und Kleinasien verbreitet. Im 16. Jahrhundert kamen die Zentifolien hinzu. Bis auf *Rosa × damascena* var. *bifera* sind alle Alten Rosen einmalblühende rosa, karminrot oder weiß blühende Strauchrosen. Im 19. Jahrhundert entstanden weitere Rosenklassen, die noch den Alten Rosen zugerechnet werden, obwohl sie bereits Erbgut von Chinarosen in sich tragen und teilweise in der Lage sind zu remontieren (→ Seite 34). Dazu gehören: Portland-, Bourbon-, Noisette- und Remontant-Rosen.

70. **Austin-Rosen:** **In Zeitschriften stößt man hin und wieder auf die Bezeichnung Austin-Rosen. Um welche Rosen handelt es sich hier ?**

Austin-Rosen sind benannt nach ihrem Züchter David Austin. Dieser Engländer begann in den 60er-Jahren des letzten Jahrhunderts Rosen zu züchten, mit dem Ziel, die Vorzüge Moderner Rosen wie Öfterblütigkeit und kompaktem Wuchs mit dem Blütencharme und dem Duft der Alten Rosen zu verknüpfen. Dazu kreuzte er moderne Strauchrosen mit alten Sorten zurück. Heraus kamen herrlich duftende, hinreißend romantische, öfterblühende Strauchrosen von handlicher Größe. Viele dieser Neuschöpfungen blühen gelb, apricotfarben oder blutrot und bereichern das nostalgische Sortiment um neue Farben. Die Austin-Rosen setzten sich schnell durch und fanden viele Anhänger. Sie werden oft auch unter der Bezeichnung »Englische Rosen« geführt (→ Seite 63).

71. Baumkletterer: Ich möchte gerne eine Kletterrose in unseren alten Apfelbaum wachsen lassen. Welche Sorten eignen sich dafür?

Für diese Aufgabe sollten Sie eine starkwüchsige Ramblerrose (→ Seite 76) wählen, etwa 'Bobby James', 'Kiftsgate', 'Paul´s Himalayan Musk', 'Rambling Rector' oder 'Venusta Pendula'. Ist der Baum nicht sehr hoch, dann kommen auch die Sorten 'Alberic Barbier', 'Chevy Chase' oder 'Seagull' infrage. Pflanzen Sie die Rose etwa einen Meter vom Baumstamm entfernt ein, und leiten Sie die Rosentriebe mit Schnüren, einer Leiter oder Draht bis zu den untersten Ästen der Krone auf. Von dort aus ranken die Ramblerrosen dann mithilfe ihrer bedornten Zweige von alleine weiter durchs Geäst.

72. Beetrosen: Welche Kriterien muss eine Rosensorte erfüllen, um als Beetrose bezeichnet zu werden?

Das moderne Rosensortiment wird nur noch nach Wuchsformen (→ Seite 46) unterteilt.
Zur Gruppe der Beetrosen gehören Sorten, die meist 40–80 cm, mitunter auch bis zu einem Meter hoch

INFO

Aus der frühen Kulturgeschichte der Rosen
➤ 2700 v. Chr. gab es vermutlich erste Gartenrosen in China.
➤ 600 v. Chr. prägt die griechische Dichterin Sappho von Lesbos den Begriff »Königin der Rosen«.
➤ 300 v. Chr. unterscheidet Theophrast bereits gefüllte von ungefüllten Rosen.
➤ Das antike Rom übernahm die gefüllten Rosen schon von den Griechen und kannte vermutlich bereits Alba-, Gallica- und Damaszener-Rosen.

werden und damit relativ kompakt wachsen. In der Regel sind sie reich verzweigt und tragen büschelige Blütenstände aus bis zu 30 Einzelblüten. Das verleiht ihnen eine gute flächige Farbwirkung.

Es gibt Sorten mit einfachen, halb gefüllten und gefüllten Blüten in nahezu allen Farben. Fast alle sind öfterblühend, aber nur wenige duften.

Früher wurden die Beetrosen nach Polyantha- (→ Seite 74) und Floribundasorten(→ Seite 64) unterschieden. Diese Unterscheidung spielt heute jedoch keine Rolle mehr, da eine klare Abgrenzung nicht mehr möglich ist.

Ihre kompakte Wuchsform prädestiniert die Beetrosen für die Pflanzung in Gruppen oder in Gesellschaft von Stauden in der Rabatte.

73. Beginn der Rosenkultur: Wann und wo begann man eigentlich gezielt Rosen zu züchten?

Man vermutet, dass in China die ersten Gartenrosen entstanden. Schon 2700 v. Chr. sollen sie dort als Zierpflanzen kultiviert worden sein. Der erste schriftliche Beleg erfolgt jedoch erst 500 v. Chr. bei Konfuzius. Die chinesischen Gartenrosen entwickelten sich völlig unabhängig von den europäischen. Auch im Vorderen Orient, vor allem in Persien, sollen schon 2000 v. Chr. Rosen in den Gärten gestanden haben.

In Europa aber wird die Kulturgeschichte erst mit der Geschichtsschreibung in der Antike nachvollziehbar. Mit dem Ausbau der Handelswege kamen aus anderen Erdteilen neue Impulse in die Rosenzüchtung. So züchteten die Holländer im 16. Jahrhundert die Zentifolien. Neue Sorten entstanden bis dahin meist auf Grund spontaner Mutationen (→ Seite 32) oder natürlicher Kreuzungen (→ Seite 31). Um das Jahr 1800 herum kannte man etwa 30–40 Rosensorten. Dann erreichten die ersten Chinarosen Europa und lösten einen wahren Züchtungsboom aus. 1830 zählte man bereits 2500 Sorten und in der Mitte des Jahrhunderts rund 5000. Die Entwicklung wurde unterstützt durch wachsende Kenntnisse über die Zusammenhänge der geschlechtlichen Fortpflanzung. Henry Bennett (1823–1890) erschloss die Vererbungslehre für die Rosenzucht (→ Seite 47). In der zweiten Hälfte des 19. Jahrhunderts etablierte sich die gezielte Züchtung zur Realisierung ganz bestimmter Eigenschaften.

74. **Blütenfarben: Rosen weisen eine Fülle von Farbtönen auf. Gibt es überhaupt Farben, die bei Rosen nicht vorkommen?**

In der Tat gibt es im Rosensortiment heute nahezu jede Farbe: Weiß, Gelb, Rot, Rosa, Orange, ja sogar Grün. Es existieren alle Mischfarben davon, und das in vielen verschiedenen Tönungen von Pastellfarben bis intensiv dunkel. Nur reines Blau und Schwarz fehlen bis heute. Selbst die »blauesten« Sorten, wie 'Rhapsody in Blue' oder 'Shocking Blue' zeigen einen deutlichen Violettanteil und bei den »schwarzen« Schönheiten, wie 'Black Magic' oder 'Black Baccara', handelt es sich genau genommen um tief dunkelrote Blüten.

75. **Bodendeckerrosen: Was sind Bodendeckerrosen, und können sie wirklich wie andere Bodendeckerpflanzen eingesetzt werden?**

Zur Klasse der Bodendeckerrosen, die man heute meist als Kleinstrauch- (→ Seite 67) oder Flächenrosen (→ Seite 63) bezeichnet, gehören Sorten mit sehr unterschiedlichen Wuchsformen: von flach niederliegend über breit buschig bis bogig überhängend. Als echte Bodendecker verwendet man hauptsächlich Sorten, die sehr lange Triebe bilden und flach niederliegend wachsen. Manche sind nur 30–50 cm hoch wie 'Heideröslein Nozomi' oder 'Immensee', andere werden bis zu einem Meter hoch und wachsen buschig. Bei ihnen erreicht man die flächendeckende Wirkung durch eine dichte Pflanzung. Im Hausgarten eignen sich Bodendeckerrosen hervorragend zum Begrünen von Terrassenhängen, Mauerkronen oder Vorgärten.

76. Bourbon-Rosen: Ich habe irgendwo gehört, dass Bourbon-Rosen ihren Blütenschwerpunkt zu einer ganz anderen Zeit haben als alle anderen Rosen. Was sind Bourbon-Rosen und wann blühen sie?

Diese Rosengruppe entstand im 19. Jahrhundert und ist benannt nach dem Ort ihrer Entstehung, der Insel Bourbon, dem heutigen Réunion vor Madagaskar. Man zählt sie zu den Alten Rosen, obwohl sie in ihrem Erbgut bereits Gene von Chinarosen besitzt. Die Urform geht auf einen Zufallssämling aus *Rosa × damascena* var. *bifera* und einer der ersten Chinarosen hervor. Ihr Blütenschwerpunkt liegt meist im September – womit sie sich von allen anderen Rosen abhebt. Die Blüten sind groß, dicht gefüllt, schalen- bis becherförmig und von himmlischem Duft.
Zu den Bourbon-Rosen zählen Berühmtheiten wie 'Boule de Neige', 'Gruß an Teplitz' und 'Souvenir de la Malmaison' (→ Bilder Seite 59), aber auch die rosaweiß marmorierte 'Honorine de Brabant' oder die purpurviolette, nur leicht duftende 'Zigeunerknabe'.

77. Chinarosen: Immer wieder liest man in der Fachliteratur von Chinarosen. Um was für Rosen handelt es sich da?

Um das Jahr 1800 herum erreichten die ersten Rosen aus China europäischen Boden. Es handelte sich hier um Gartenformen, die seit Jahrhunderten in Kultur standen. Chinarosen brachten neben der faszinierenden Dauerblüte einen zierlichen Wuchs und die unbekannte rein rote Blütenfarbe mit. Leider erwiesen sich die meisten Sorten bei uns als nicht ausreichend winterhart. Sie wurden jedoch in die europäischen Gartenrosen eingekreuzt und so zu einer Grundlage des modernen Rosensortiments.

78. Climber: **In Katalogen taucht oft der Begriff Climber auf. Was versteht man darunter?**

Kletterrosen werden in zwei Gruppen unterteilt: die Rambler (→ Seite 76) und die Climber. Climber entwickeln steifere, festere Triebe. Sie sind im Grunde nichts anderes als langtriebige Strauchrosen. In der Regel sind sie öfterblühend und tragen große Blüten. Man pflanzt sie vor allem an Wandspaliere und Bögen, da sie meist nur 2–3 m lange Triebe bilden.

1 *'Boule de Neige' duftet intensiv und remontiert. Der ca. 150 cm hohe Strauch trägt nur eine leichte Bestachelung.*

2 *'Gruß an Teplitz' verbreitet einen stark würzigen Duft. Die 180 cm hohe Pflanze wirkt auch als Kletterrose.*

3 *'Souvenir de la Malmaison' ist öfterblühend und duftet stark süß und fruchtig. Der Strauch wird 60–80 cm hoch.*

STRAUCHROSEN

'ANGELA'

Eine ADR-Sorte, die den Charme Alter Rosen verbreitet, aber nahezu ununterbrochen blüht. Sie wird 100–130 cm hoch und etwa 100 cm breit.

'BELVEDERE'

Die öfterblühende Nostalgierose schmückt sich mit großen Blüten in trendigen Apricottönen. Sie duftet leicht und wird 120–150 cm hoch und 100 cm breit.

'CENTENAIRE DE LOURDES'

Die Französin duftet leicht nach Wildrosen und ist öfterblühend. Sie wird bis 150 cm hoch und 80 cm breit und wächst bogig überhängend.

'EDENROSE 85'

Dieser Rosenstrauch ist öfterblühend. Er wächst buschig überhängend und wird bis 150 cm hoch. Diese Rose kann auch als Kletterrose gezogen werden.

STRAUCHROSEN

'LICHTKÖNIGIN LUCIA'
Die ADR-Sorte ist regen-, hitze- und frostfest. Sie gehört zu den beliebtesten gelben Rosen, ist öfterblühend und wird 100–150 cm hoch, bei nur 80 cm Breite.

'ROSENSTADT FREISING'
Eine sehr junge öfterblühende Strauchrose mit aparter Färbung und dekorativem, glänzend dunkelgrünem Laub. Sie wird 100–120 cm hoch und etwa so breit.

'SCHNEEWITTCHEN'
Edelrosen-ähnliche Knospen in großen Büscheln kennzeichnen diese dauerblühende Weltrose. Sie wächst bogig überhängend und wird ca. 150 cm hoch.

'WESTERLAND'
Die öfterblühende ADR-Rose brilliert mit intensivem, süßlichem Duft und großen leuchtkräftigen Blüten. Sie erreicht die stattliche Höhe von 150–200 cm.

79. Damaszener-Rosen: Auf der Suche nach stark duftenden Rosen empfahl man mir Damaszener-Rosen. Was sind das für Rosen?

Damaszener-Rosen gehören zu den Alten Rosen. Die Urform stammt aus der Nähe von Damaskus, der Hauptstadt Syriens (was so viel wie »Land der Rosen« bedeutet) – daher auch ihr Name. Man hat sie vermutlich schon 1000 v. Chr. kultiviert und betrachtet sie als eine der Stammformen der europäischen Gartenrosen. Ein Charakteristikum der Damaszener-Rosen ist tatsächlich ihr intensiver, schwerer und nachhaltiger Duft. Die meisten Sorten entwickeln dicht gefüllte Blüten und sind einmalblühend, es sei denn, sie gehen auf die remontierende Variante *Rosa × damascena* var. *bifera* zurück. Berühmte Sorten sind z. B. 'Mme Hardy', 'Celsiana' (→ Bild Seite 24) oder 'Rose de Resht' (→ Bild Seite 24).

80. Edelrosen: Was macht Edelrosen eigentlich »edler« als andere Sorten?

Die erste Edelrose, auch Teehybride (→ Seite 84) genannt, markierte den Beginn eines neuen Rosenzeitalters. Als 1867 die Sorte 'La France' auf den Markt kam, unterschied sie sich in wesentlichen Merkmalen von allen bis dahin bekannten Sorten und begründete das moderne Rosensortiment: Sie war winterhart wie die alten europäischen Gartenrosen und öfterblühend wie die Chinarosen (→ Seite 58).
Edelrosen zeichnen sich durch die hochgebauten, eleganten, gefüllten Blüten aus, die im Stadium der aufgehenden Knospe am schönsten sind und in der Regel einzeln am Ende langer Stiele stehen. Das prädestiniert sie als Schnittrosen für die Vase. Es gibt sie in nahezu allen Farben. Alle Sorten sind öfterblühend. Sie werden 70–120 cm hoch, wachsen aber häufig etwas steif aufrecht. Deshalb kultiviert man sie auch gern als Hochstämmchen (→ Seite 66).

81. **Englische Rosen:** **Warum werden gerade Englische Rosen nach ihrer Herkunft benannt? Was unterscheidet sie von anderen Sorten?**

Der Begriff Englische Rosen hat sich als Synonym für die Rosen des englischen Züchters David Austin eingebürgert (→ Austin-Rosen Seite 54). Er begann als Erster – in den 1960er-Jahren – mit der Züchtung eines neuen Rosentyps. Seine Kreationen zeichnen sich durch herrlichen Duft sowie dicht gefüllte Blüten im Stil Alter Rosen (→ Seite 53) aus. Sie können jedoch wie Moderne Rosen (→ Seite 71) öfter blühen. Es gibt sie nicht nur in Rosa und Weiß, sondern auch in Gelb, Apricot und warmen Rottönen. Englische Rosen wachsen sehr kompakt und gehören in die Kategorie Strauch- oder Beetrosen.

82. **Flächenrosen:** **Was genau versteht man unter einer Flächenrose, und wie kann man solche Sorten im Hausgarten einsetzen?**

Flächenrosen werden inzwischen häufig als Kleinstrauchrosen (→ Seite 67) geführt. Früher titulierte man sie auch als Bodendeckerrosen. Diese Rosenklasse ist die heterogenste im Sortiment. Sie vereint sehr unterschiedliche Wuchsformen: von flach niederliegend bis strauchig überhängend, einfach, halb und gefüllt blühende, einmal- und öfterblühende Sorten. Sie erreichen Höhen von 50–120 cm.
Gemeinsam ist ihnen allen aber – wie ihre Bezeichnung andeutet – die flächige Verwendung. Ob als echter Bodendecker oder durch Dichtpflanzung der durchweg gut verzweigenden, breit wachsenden Sorten, Flächenrosen sorgen schnell für eine geschlossene Pflanzendecke und unterdrücken Unkrautbewuchs. Im Hausgarten verschönern sie Terrassenhänge, überwallen Mauerkronen, gestalten naturnahe Ecken oder sorgen in Beeten für einen kompakten Farbeindruck. Wurzelechte Pflanzen gedeihen auch gut im Topf.

83. Floribundarosen: Bei meinen Eltern im Garten stehen Floribundarosen. Solche Rosen sind heute kaum mehr zu finden. Warum?

Diese Rosen gibt es durchaus noch, nur werden sie heute in der Regel unter dem Begriff Beetrosen (→ Seite 55) angeboten. Die Sorte 'Gruß an Aachen' z. B. wurde Anfang des letzten Jahrhunderts als Floribunda-Sorte gehandelt. Sie ist noch heute in gut sortierten Rosengärtnereien als Beetrose zu finden.
Als Floribundarosen bezeichnete man ursprünglich niedrig wachsende, winterharte Rosen mit großen, an Edelrosen erinnernde Blüten. Man unterschied sie von den ebenfalls klein bleibenden Polyantharosen (→ Seite 74), die große Blütenstände aus vielen kleinen Einzelblüten hervorbrachten. Da die Unterschiede zwischen beiden Typen, durch vielfache Kreuzungen untereinander, sich im Lauf der Zeit jedoch mehr und mehr anglichen, wurden die beiden Bezeichnungen ungebräuchlich und durch die übergreifende Bezeichnung »Beetrosen« ersetzt.

84. Frühlingsrosen: Ich habe von Frühlingsrosen gehört, die zuverlässig bereits im Mai blühen. Um welche Sorten handelt es sich dabei?

Wilhelm Kordes widmete sich in den 1920er-Jahren der Züchtung besonders früh blühender Rosen, die er Frühlingsrosen nannte. Dieser Begriff hat sich heute für alle frühblühenden Rosen durchgesetzt, die bei normalem jahreszeitlichem Witterungsverlauf bereits im Mai zu blühen beginnen. In der Regel handelt es sich um einmalblühende Strauchrosen. Viele gehen auf die Dünenrose (*R. spinosissima*) zurück. Bekannte Sorten sind 'Frühlingsgold' oder 'Maigold', beide gelb blühend. Aber auch folgende Wildrosen gehören zu den Frühlingsrosen: Chinesische Goldrose (*R. hugonis*), Mairose (*R. majalis*), Mandarinrose (*R. moyesii*) und Stacheldrahtrose (*R. sericea* f. *pteracantha*).

85. Fußstämmchen: Was muss ich mir unter einem Fußstämmchen vorstellen?

Ein Fußstämmchen ist eine Rose, die in 40 cm Stammhöhe veredelt ist, d. h., die Krone setzt in dieser Höhe an. Für diese Stamm-Knirpse kommen in der Regel nur Zwergrosen-Sorten infrage. Fußstämmchen sind vor allem für die Kübelkultur prädestiniert.

86. Gallica-Rosen: Gallica-Rosen sollen zu den ältesten Rosen überhaupt zählen. Stimmt das, und was sind ihre typischen Merkmale?

Zumindest was die europäischen Gartenrosen betrifft, betrachtet man die Gallica-Rose tatsächlich als Stammmutter. Ihre wilde Form ist in Mittel- und Südeuropa sowie in Kleinasien heimisch. Chromosomenuntersuchungen belegen, dass sie bereits an der Entstehung der Alba-, Damaszener- und Portland-Rosen beteiligt war.
Zu ihren Markenzeichen gehören ein starker Duft sowie Blütenfarben in satten, dunklen karminrosa und purpurvioletten Tönen. Wobei sich die Farbe vom Aufblühen bis zum Welken oft verändert. Die Blütenblätter rollen dabei nach außen zurück.
Alle Gallica-Sorten sind einmalblühend und sehr winterhart. Die Sträucher bleiben mit Höhen von rund 100–120 cm für Alte Rosen relativ klein und bilden oft lange, überhängende Triebe. Sie eignen sich im Garten auch sehr gut für niedrige Hecken.

Die reich blühende Sorte 'Charles de Mills' zeigt die typische dunkle Farbe vieler Gallica-Rosen und eine geviertelte Mitte.

*Ein Spaß der Natur?
Die grüne Rose (R. chinensis 'Viridiflora')
»blüht« von Ende
Mai bis November.*

87. grüne Rosen:
Ich habe neulich ein Foto von so genannten »grünen Rosen« gesehen. Handelt es sich wirklich um Rosen?

Ja. *Rosa chinensis* 'Viridiflora' nennt man die Grüne Rose im botanischen Fachchargon. Wobei die kleinen grünen »Blüten« streng genommen aus Hochblättern bestehen, die aus normalen Laubblättern hervorgingen. Sie sind am Rand gefranst und verfärben sich im Abblühen rotbraun, was der Blüte ein etwas struppiges Äußeres verleiht. Die Blüten duften nach Zimt und Nelken. Grüne Rosen bilden keine Hagebutten aus.

88. Halb- und Hochstämmchen:
In Parks sehe ich immer wieder Halb- und Hochstammrosen. Wie entstehen diese Formen?

Stammrosen verdanken ihre Wuchsform einem gärtnerischen Kunstgriff: Die Edelsorte wird nicht auf den Wurzelhals veredelt, sondern auf eine stammförmig gezogene Unterlage. Bei Halbstämmchen in 60 cm, bei Hochstämmchen in 90 cm Höhe. In dieser »Etage« entwickelt sich dann die Blütenkrone.

89. Kaskadenrosen:
Sind Kaskadenrosen und Trauerrosen ein und dasselbe?

Als Kaskadenrosen bezeichnet man Stammrosen, auf die Sorten von Ramblern, Kletterrosen oder sehr langtriebigen Flächenrosen veredelt wurden. Die Veredlungshöhe beträgt 140 cm. Dadurch entstehen »Hängekronen« mit herabfließenden Blütenkaskaden. Früher sprach man hier auch von »Trauerrosen« – in Anlehnung an andere Hängeformen, wie z. B. der Trauerweide oder der Trauerbirke.

90. **Kleinstrauchrosen:** **Neuerdings liest man in Katalogen und Zeitschriften häufig von Kleinstrauchrosen. Was ist das genau?**

In jüngerer Zeit setzt sich diese Bezeichnung mehr und mehr durch. Früher wurde diese Rosenklasse (→ Seite 79) auch als Flächenrosen (→ Seite 63) oder Bodendeckerrosen (→ Seite 57) bezeichnet. Sie ist im Vergleich zu anderen Gruppen sehr heterogen. Es gibt einmalblühende und öfterblühende, einfache und gefüllte Blüten, büschelblütige und andere Blütenstände. Auch die Wuchsformen variieren stark, von flach niederliegend über buschige Kronen, die breiter als hoch werden, bis hin zu überhängenden Strauchrosenformen. Die Endhöhen bewegen sich zwischen 50 cm und 120 cm. Damit sind die Übergänge zu anderen Wuchsgruppen fließend. Häufig wird ein und dieselbe Sorte sowohl als Kleinstrauchrose als auch in einer anderen Klasse – etwa als Beetrose oder als Strauchrose – geführt. Fakt ist, dass sich in dieser Gruppe die meisten ADR-Rosen finden lassen. Schließlich werden Kleinstrauchrosen häufig im öffentlichen Grün verwendet und müssen daher pflegeleicht, robust und sehr widerstandsfähig sein.

91. **Kletterrosen:** **Können Kletterrosen wirklich klettern wie andere Kletterpflanzen?**

Kletterrosen werden botanisch als Spreizklimmer bezeichnet. D. h., sie sind bis zu einem gewissen Grad in der Lage, sich mit ihren Stacheln und reger Verzweigung, z. B. im Geäst anderer Pflanzen, in die Höhe zu ziehen. Sie entwickeln aber keine Haft-, Schling- oder Halteorgane wie echte Kletterpflanzen. Man unterteilt Kletterrosen in Rambler (→ Seite 76) und Climber (→ Seite 59). Die Rambler können weitgehend aus eigener Kraft Baumkronen erobern, die Climber brauchen stets eine Rankhilfe.

92. **Kübelsorten:** **Ich möchte auf meinem Balkon Rosen in Töpfen halten. Welche Sorten eignen sich am besten für die Kübelkultur?**

Entscheidend für die Haltung von Rosen im Topf ist immer, die Größe des Pflanzgefäßes auf die Wuchskraft der Rosensorte abzustimmen. Selbst Strauch- und Kletterrosen können im Kübel gedeihen, wenn dieser ausreichend Platz und Erde bereithält und Sie die Rosen gut mit Wasser und Nährstoffen versorgen. Da Rosen Tiefwurzler sind (→ Seite 41), sollten Sie hohe, lang gestreckte Gefäßformen mit einer Mindesthöhe von 40–50 cm verwenden. Grundsätzlich gilt natürlich: Je kleiner die Rose, desto problemloser gedeiht sie im Topf. Zwergrosen können Sie sogar in Balkonkästen kultivieren. Viele Edelrosen sowie die meisten Beet- und Flächenrosen eignen sich für die Topfhaltung. Verwenden Sie wurzelechte Flächenrosen, bei ihnen bleibt das Wurzelwerk flacher.

93. **Märchenrosen:** **Kürzlich sah ich an einer Rose ein Etikett mit der Aufschrift »Märchenrose«. Was verbirgt sich hinter dieser Bezeichnung?**

Die Firma W. Kordes' Söhne begann im Jahr 2002 eine Kollektion an Rosensorten zusammenzustellen, die sich durch besonders nostalgische, romantische Blütenformen und gleichzeitig große Robustheit auszeichnen. Sie werden unter dem Namen »Märchenrosen« vertrieben und erinnern im Aussehen der Blüten an Alte und Englische Rosen. Es gehören Sorten aus fast allen Wuchsgruppen dazu, Strauch-, Beet-, Edel- und Kletterrosen. Die Kollektion wird jedes Jahr um einige Neuzüchtungen erweitert.

94. **Malerrosen:** **Was sind Malerrosen? Wo kann ich solche Rosen beziehen?**

Im 17. und 18. Jahrhundert waren Rosen ein beliebtes Motiv für die Stilllebenmalerei. Da zu dieser Zeit die üppig gefüllten Zentifolien en vogue waren, wurden sie besonders häufig porträtiert und bekamen deshalb

ROSENSORTEN FÜR DEN KÜBEL

NAME ROSENKLASSE	AUSSEHEN
'Aspirin Rose' Flächenrose	weiße (rosa überhauchte) edelrosenähnliche Blüten, breiter, überhängender Wuchs, 50–70 cm hoch
'Bonica' Beetrose	hellrosa, gefüllte Blüten, in Büscheln blühend, buschiger, leicht überhängender Wuchs, 60–80 cm hoch
'Leonardo da Vinci' Beetrose	dunkelrosa, dicht gefüllte, geviertelte Blüten im Stil Alter Rosen, aufrechter Wuchs, 50–80 cm hoch
'Mary Rose' Englische Rose	kräftig rosa, stark gefüllt, leicht duftend, aufrechter Wuchs, 120–150 cm hoch
'Rose de Resht' Alte Rose	karminrosa, dicht gefüllte Rosetten von intensivem Duft, buschig breiter Wuchs, 80–100 cm hoch
'Super Excelsa' Kletterrose	karminrosa, gefüllte Blüten, klein, aber in großen Büscheln, Rambler, 200–400 cm hoch
'The Fairy' Flächenrose	hellrosa, dicht gefüllte Blüten, klein, aber in großen Büscheln, 50–70 cm hoch

den Beinamen »Roses des peintres« – auf Deutsch »Rose der Maler«. Neuerdings vertreibt der französische Rosenzüchter Henri Delbard eine Kollektion mehrfarbiger Rosen, deren Farbspiel an die Werke impressionistischer Künstler erinnert und die deshalb ebenfalls unter der Bezeichnung »Rose de Peintres« auf den Markt kamen. Die einzelnen Sorten sind nach berühmten Malern benannt, z. B. 'Paul Cézanne', 'Claude Monet' oder 'Henri Matisse'.
Malerrosen bekommen Sie in gut sortierten Rosengärtnereien.

95. Miniaturrosen: Kann ich Miniaturrosen auch in den Garten pflanzen, oder eignen sie sich nur für die Kübelkultur?

Miniaturrosen oder auch Zwergrosen (→ Seite 86) sind grundsätzlich durchaus gartentauglich. Sie gehen auf chinesische Urformen zurück und werden selten höher als 35 cm. Nicht zuletzt dieser extrem niedrige, bodennahe Wuchs macht sie jedoch sehr anfällig für Pilzkrankheiten, deren Sporen sich im Boden befinden und über Spritzwasser leicht auf das Laub gelangen. Häufig entwickeln sie sich deshalb nur unter regelmäßigen Fungizidgaben zufriedenstellend. In

INFO

Noch etwas Rosengeschichte

➤ Um 1800 erreichten die ersten Chinarosen, die wegen ihrer Öfterblütigkeit faszinierten, Europa.

➤ In der ersten Hälfte des 19. Jahrhunderts entstanden Rosenklassen mit der Fähigkeit zu remontieren.

➤ 1867 kam mit 'La France' die erste öfterblühende Teehybride auf den Markt.

➤ 1875 gelang mit 'Paquerette' die erste Polyantha-Sorte.

➤ 1900 entstand mit 'Soleil d'Or' die erste gelbe Rose.

Töpfen erweisen sie sich als weit weniger anfällig. Ihr Zwergwuchs prädestiniert sie ohnehin für die Gefäßkultur, die für diese Rosenklasse deshalb gebräuchlicher ist.

96. **Moderne Rosen:** **Welche Rosen verbergen sich hinter dem Begriff »Moderne Rosen«? Ist diese Einteilung nicht sehr zeitgeistabhängig?**

Der Begriff »Moderne Rose« hechelt keinen Modeerscheinungen hinterher, sondern ist ganz klar definiert: Das Zeitalter der Modernen Rosen begann 1867, als mit der ersten Teehybride 'La France' der Durchbruch zu öfterblühenden und dennoch winterharten Rosen gelang. Alles vorher Bekannte galt fortan als »Alte Rose«. Die Modernen Rosen waren durch die Einkreuzung von Chinarosen (→ Seite 58) entstanden, deren Öfterblütigkeit die Europäer faszinierte und geradezu eine Züchtungseuphorie auslöste. Die neuen Teehybriden oder Edelrosen waren außerdem kompakter im Wuchs und hatten dekoratives dunkelgrünes Laub. Durch intensive Züchtungsarbeit, auch mit chinesischen Wildrosen, gelangen bald die ersten gelben und warm-roten Sorten, die das Farbspektrum der Alten Rosen attraktiv erweiterten. Polyantha- und Floribunda-Sorten sowie Miniaturrosen bereicherten bald das Sortiment mit neuen Wuchsformen.

97. **Moosrosen:** **Wie kommen die Moosrosen zu ihrem Namen, und was kennzeichnet diese Rosengruppe?**

Moosrosen gehören zu den Alten Rosen, genauer gesagt zu den Zentifolien (→ Seite 85). Die Urform dieser Klasse, *Rosa × centifolia* 'Muscosa', entstand vermutlich im 17. Jahrhundert durch eine spontane Knospenmutation (→ Mutation Seite 32). Neben den typischen Zentifolienmerkmalen und -eigenschaften

zeichnen sich Moosrosen durch feine Drüsenhaare aus, die entlang der Blütenstiele, Fruchtknoten und Kelchblätter sitzen (→ Bild). Sie wirken wie ein moosartiger Überzug und haben daher den Rosen den Namen gegeben.

Das »Moos« kann je nach Sorte grünlich, bräunlich oder rötlich gefärbt sein. Bei Berührung verströmt es einen balsamisch-harzigen Geruch, der sich wunderbar mit dem süßen Zentifolienduft der Blüten vermischt.

Bei den Moosrosen bedecken zahlreiche feine Drüsenhaare Stiele, Kelchblätter und Fruchtknoten.

98. Moschata-Hybriden: Zählen die Moschata-Hybriden zu den Alten oder bereits zu den Modernen Rosen?

Tatsächlich wird die Frage in der Fachliteratur unterschiedlich behandelt. Streng genommen handelt es sich um moderne Sorten, denn die meisten sind eindeutig öfterblühend, und viele tragen gelbliche Blütenfarben. Dennoch ähneln sie in wesentlichen Merkmalen noch den Alten Rosen: Sie entwickeln herrlich dicht gefüllte, flache Blüten und relativ stattliche Wuchsformen. Darüber hinaus gehört intensiver, himmlischer Duft zu ihren Markenzeichen. Die bekanntesten und bis heute beliebten Sorten sind z. B. 'Buff Beauty' und 'Ghislaine de Féligonde'. Moschata-Hybriden entstanden Anfang des 20. Jahrhunderts und gehen auf den deutschen Züchter Peter Lambert und den englischen Geistlichen Reverend Pemberton zurück. Beide züchteten öfterblühende Strauchrosen, die in erster Linie auf die Ursprungssorte 'Tier' zurückgehen.

99. Noisette-Rosen: Sind alle Noisette-Rosen Kletterrosen, und wie sind sie entstanden?

Ja, die Rosen dieser Klasse zählt man fast ausnahmslos zu den Kletterrosen, zumindest jedoch gedeihen sie alle sehr starkwüchsig und langtriebig. Einige Sorten erobern sogar Bäume. Historisch betrachtet, brachten die Noisette-Rosen den Durchbruch bei dieser bis dahin wenig bekannten Wuchsform. Die Blüten erscheinen wiederholt in der Saison und in großen Büscheln. Häufig sind sie gelb oder apricotfarben. Die erste Noisette-Rose gelang einem Reispflanzer in Amerika, genauer in South Carolina, Anfang des 19. Jahrhunderts, der mit chinesischen Rosen experimentierte. Den vielversprechenden Sämling gab er an seinen Nachbarn Phillipe Noisette weiter, der für die züchterische Fortentwicklung sorgte. 1814 schickte er dann einige Zuchtexemplare nach Paris, wo sie als Noisette-Rosen in den Handel kamen.

100. Nostalgierosen: Handelt es sich bei Nostalgierosen um definierte Sorten oder um einen unverbindlichen Stilbegriff?

Beides. Häufig liest man den Begriff Nostalgierose in Zeitschriften oder Verkaufbroschüren. Jeder Züchter darf diesen Begriff verwenden, er ist nicht geschützt. Die Rede ist dann von modernen, öfterblühenden Sorten, deren Blütenform und Charme jedoch an Alte Rosen erinnern. Häufig duften diese Sorten auch wie ihre historischen Vorbilder. Anders als diese, die alle den Strauchrosen zuzurechnen sind, können Nostalgierosen jedoch verschiedenen Klassen angehören. Im Nostalgierosensortiment gibt es sowohl Beet- als auch Kletter-, Edel- und Strauchrosen.
Die Firma Tantau führt eine eigene Kollektion, die sie unter dem Namen Nostalgierosen vertreibt und in der Sorten des beschriebenen Typs zusammengefasst sind. Als Namenspatin diente die erfolgreiche Tantau-Sorte

'Nostalgie', die 1995 auf den Markt kam. Weitere
berühmte Nostalgierosen-Sorten sind 'Augusta Luise',
'Bernsteinrose' und 'Gartenträume'. Die Sortennamen
sind geschützt, nicht aber der Name der Kollektion.

101. Parkrosen: Wodurch zeichnen sich Parkrosen aus? Kann ich sie auch im Garten anpflanzen?

Als Parkrosen werden Strauchrosen mit Wildrosen-
charakter bezeichnet. Sie blühen fast ausnahmslos nur
einmal und bilden meist relativ stattliche Sträucher
von 150–300 cm Höhe. Sie bestechen in der Regel
durch ihre Pflegeleichtigkeit.
Parkrosen können an geeigneten Stellen auch im Garten Platz finden – etwa als Sichtschutz am Zaun.

102. Patiorosen: In manchen Rosen-Katalogen gibt es die Rubrik »Patiorosen«. Handelt es sich hier nicht um Zwergrosen?

Ob Zwerg-, Miniatur- oder Patiorosen, gemeint sind
Sorten von geringer Wuchskraft, die selten höher als
30–40 cm werden. In der Regel sind sie gut verzweigt,
kompakt, tragen zierliches Laub und blühen reichlich.
Die Bezeichnung Patiorosen stammt aus England und
benannte ursprünglich Rosen, die ebenfalls zwergig
wachsen, allerdings etwas größere Blüten trugen.
In vielen südlichen Ländern werden sie häufig in
Innenhöfen (Patio) in Kübeln und Töpfen gehalten.

103. Polyantharosen: Polyantharosen standen früher meist in großen Rosenbeeten. Kann ich sie auch mit Stauden kombinieren?

Großflächige, einfarbige Rosenbeete entsprachen dem
Geschmack der 50er-, 60er- und 70er-Jahre des 20.
Jahrhunderts. Polyantharosen sind jedoch ausgespro-

chen teamfähig – nicht nur untereinander, sondern auch was die Vergesellschaftung mit Staudenpflanzen und Sommerblumen betrifft. Man pflanzt Polyantharosen zwar nach wie vor gern in Gruppen zu zweien oder dreien, weil dies ihre enorme Farbwirkung noch verstärkt, integriert diese aber meist in gemischte Pflanzungen.

Typisches Merkmal der Polyantharosen, hier 'Katharina Zeimet', sind die üppigen Büschel aus zahlreichen Einzelblüten.

Die großen Blütenbüschel der Polyantharosen, die aus bis zu 30 kleinen bis mittelgroßen Einzelblüten bestehen können, und ihr niedriger Wuchs prädestinieren sie geradezu für Beete und Rabatten.

104. Portland-Rosen: **Stimmt es, dass Portland-Rosen relativ klein bleiben und zweimal blühen, obwohl sie zu den Alten Rosen gehören?**

Ja. Mit Höhen um einen Meter herum bleiben sie für Alte Rosen relativ niedrig. Die dichte Verzweigung der Sträucher und die Tatsache, dass die Blüten auf sehr kurzen Stielen stehen und auf dem Laub aufzusitzen scheinen, unterstützt die kompakte Erscheinung noch. Portland-Rosen bringen im Herbst eine zweite Blüte hervor. Die Fachwelt streitet sich darüber, ob diese Eigenschaft auf die herbstblühende Damaszener-Rose (*R. × damascena* var. *bifera*) in der Ahnenkette zurückgeht oder ob bei der Entstehung der Portland-Rosen bereits Chinarosen beteiligt waren. Die ersten Sorten entstanden um das Jahr 1800 herum. Von den Gallica-Rosen (*R. gallica*) erbten sie den wunderbaren

Duft und die meist kräftigen, karminrosa Farbtöne der Blüten. Ihren Namen erhielt die Klasse, weil der Legende nach die Herzogin von Portland das erste Exemplar nach England brachte. Heute noch beliebte Sorten sind 'Comte de Chambord' oder 'Mme Boll'.

105. Rambler: Wodurch unterscheiden sich Rambler von anderen Kletterrosen?

Rambler entwickeln weichere, biegsamere und häufig sehr lange Triebe. Viele Sorten sind sehr starkwüchsig, etwa 'Bobbie James', 'Kiftsgate', 'Paul´s Himalayan Musk' oder 'Rambling Rector'. Sie bringen es auf Höhen von bis zu zehn Metern und ranken mühelos in Baumkronen, begrünen aber auch Pergolen, Lauben, Pavillons oder große Rosenbögen.
Die meisten blühen nur einmal, aber dafür überreich, in großen Büscheln und über viele Wochen hinweg.

106. Remontant-Rosen: Welche Eigenschaften prägen Remontant-Rosen, abgesehen von der Fähigkeit zur Nachblüte?

Remontant-Rosen verkörpern das Bindeglied zwischen Alten Rosen und modernen Teehybriden. Die stattlichen Strauchrosen sind von guter Frosthärte. Ihr Markenzeichen: riesige, rundliche, dicht gefüllte Blüten von gutem Duft, die remontieren (→ Seite 34). Einige Sorten sind sogar öfterblühend. Bei den Blütenfarben dominieren dunkle Karminrosa- und kräftige Rottöne. Obwohl viele Sorten für Ausstellungen gezüchtet wurden, bei denen die Blüte im Mittelpunkt steht, avancierten Remontant-Rosen um 1900 herum zu den beliebtesten Gartenrosen. Leider ist ihr Laub mitunter etwas krankheitsanfällig.
Die ersten Sorten entstanden bereits in der ersten Hälfte des 19. Jahrhunderts. Viele Rosengruppen wirkten an ihrem Zustandekommen mit.

107. **Romantica-Rosen:** **Was bedeutet es, wenn eine Rose hinter dem Sortennamen die Bezeichnung »Romantica-Rose« führt?**

»Romantica-Rose« ist ein geschütztes Markenzeichen. Der französische Rosenzüchter Meilland vertreibt unter diesem Label seit den 80er- und 90er-Jahren des 20. Jahrhunderts Neuzüchtungen, die mit ihren nostalgischen Blütenformen an Alte Rosen erinnern. Beet-, Edel- und Kletterrosen gehören ebenso in dieses Sortiment wie Strauchrosen. Man bekommt die Rosen auch in Deutschland über die Firma BKN Strobel. Bekannte Sorten dieser Kollektion sind z. B. die Strauchrose 'Edenrose 85', die Beetrose 'Leonardo da Vinci' oder die Kletterrose 'Kir Royal'.

108. **Romantikrosen:** **Welche Kriterien muss eine Sorte erfüllen, um als Romantikrose bezeichnet zu werden?**

Der Ausdruck »Romantikrose« ist ein ungeschützter Begriff. Man verwendet ihn für moderne, öfterblühende Sorten mit dicht gefüllten, oft gevierteltern Blüten in nostalgischen Ballon- oder Rosettenformen, die besonders romantischen Charme versprühen. Häufig duften die Rosen auch noch ähnlich intensiv wie Alte Rosen. Sie können jedoch verschiedenen Klassen angehören.
Der Begriff Nostalgierosen (→ Seite 73) wird in der Regel gleichbedeutend verwendet.

109. **rosafarbene Blüten:** **Warum gibt es so viele rosafarbene Rosensorten?**

Es ist kein Zufall, dass die Farbe und die Pflanze (botanischer Gattungsname *Rosa*) denselben Namen tragen. Tatsächlich blühten die in Europa heimischen Wildrosen sowie die Alten Gartenrosen alle rosa, nur einige wenige weiß. Dieses Erbe schlägt sich noch heute nieder. Erst nach 1900 wurde das moderne Rosensortiment durch die Einkreuzung andersfarbiger Rosen aus anderen Erdteilen um gelbe und warmrote Farben sowie um Orange- und Apricottöne bereichert. Der Eindruck der Rosa-Dominanz mag aber auch daran liegen, dass diese Farbe eine enorme Bandbreite aufweist. Von zart angehauchten, fast weißen Blush-Tönungen über Pastell-, Bonbon- und Magentarosa bis zu kräftigen Karmin- und Purpurtönen, die ins Rote tendieren, reicht die Palette.

110. Rosa generosa: In einem Katalog las ich den Namen Rosa generosa. Um welche Rosenart handelt es sich dabei?

Sie können auch die Namen *Rosa* x *generosa* oder Rosa Generosa finden. Hinter dieser Bezeichnung steckt keine Rosenart, sondern eine Kollektion brandneuer Züchtungen aus dem traditionsreichen französischen Züchterhaus Guillot. In Frankreich werden sie auch als »Nouvelles Roses Anciennes« vertrieben, was

Europäische Wildrosen, hier die Weinrose (Rosa rubiginosa), blühen alle dunkel- oder hellrosa oder weiß.

1

Das Erbe der Wildrosen schlägt sich noch heute in zahlreichen rosa Sorten nieder. Hier die Edelrose 'Frederic Mistral'.

2

so viel heißt wie »die neuen Alten Rosen« und bereits viel über das Aussehen der Sorten verrät. Ähnlich wie David Austin und inzwischen auch zahlreiche deutsche Züchter versucht Guillot öfterblühende Sorten mit dem Charme Alter Rosen zu züchten. Und das mit großem Erfolg. Der Rosenzüchter in sechster Generation greift dabei auf einen großen Fundus uralter, hauseigener Sorten zurück und kreuzt sie mit modernen Rosen. Verbreitet sind inzwischen Sorten wie 'Agnès Schilliger' oder 'Versigny'. In Deutschland werden die bezaubernd altmodischen Neulinge über die Rosengärtnerei Kalbus vertrieben.

111. **Rosenklassen: Man spricht oft von verschiedenen Rosenklassen. Was genau versteht man eigentlich darunter?**

Um sich im überwältigend riesigen Angebot des modernen Rosensortiments orientieren zu können, unterteilt man es in verschiedene Klassen oder Gruppen. Das moderne Sortenspektrum verfügt über eine Fülle von Farben, Blüten- und Wuchsformen. Vor allem Letztere entscheiden in erster Linie über die Verwendung im Garten. Deshalb unterteilt man die **Modernen Rosen** nach ihren charakteristischen Wuchsformen in folgende Klassen:

➤ Strauchrosen (→ Seite 82)
➤ Edelrosen (→ Seite 62)
➤ Beetrosen (→ Seite 55)
➤ Kleinstrauchrosen (→ Seite 67), Flächenrosen (→ Seite 63) und Bodendeckerrosen (→ Seite 57)
➤ Kletterrosen (→ Seite 67) und Rambler (→ Seite 76)

Alte Rosen (→ Seite 53) gedeihen alle als Strauchrosen (Ausnahme einige Kletterrosen). Sie werden nach ihrer Abstammung unterteilt in die Klassen:

➤ Alba-Rosen (→ Seite 53)
➤ Bourbon-Rosen (→ Seite 58)
➤ Damaszener-Rosen (→ Seite 62)

➤ Gallica-Rosen (→ Seite 65)
➤ Noisette-Rosen (→ Seite 73)
➤ Portland-Rosen (→ Seite 75)
➤ Remontant-Rosen (→ Seite 76)
➤ Zentifolien (→ Seite 85) inklusive Moosrosen
(→ Seite 71)

112. Rosensorten: Wie viele Rosensorten gibt es heute eigentlich?

Wie viele Rosensorten es eigentlich gibt, kann niemand genau nachvollziehen, denn Rosen werden weltweit gezüchtet, und jedes Jahr kommen neue Sorten hinzu. Experten schätzen die Zahl inzwischen jedoch auf rund 30000–50000 Sorten.

113. Rosenzüchter: Welche Rosenzüchter haben die Entwicklung des Rosensortimentes am stärksten geprägt?

Eine Wertung der Züchterarbeiten ist natürlich nicht möglich. Jeder Züchter arbeitete und kreuzte mit bestimmten Arten und Sorten und verfolgte persönlich gesetzte Ziele oder solche, die der Zeitgeist diktierte. Jeder bereicherte das Sortiment auf seine Weise. Wobei Rosenzüchtung im heutigen Sinne erst im 19. Jahrhundert praktiziert wurde. Vorher entstanden neue Sorten meist durch Zufallskreuzungen oder spontane Mutation (→ Seite 32). Um 1800 herum kannte man nur 30–40 verschiedene Rosen. Erst in den 200 Jahren danach explodierte das Sortiment auf mehrere Zehntausend. Ein paar »Meilensteine« haben die Entwicklung der Rosen nachhaltig beeinflusst:
➤ **Kaiserin Joséphine de Beauharnais**, Napoleons Frau (1763–1814): Sie züchtete zwar keine Rosen, dennoch kommt ihr eine wichtige Rolle zu. Sie sammelte in Malmaison Rosenarten und -sorten aus aller Welt und besaß am Ende mit 240 Exemplaren die

größte Sammlung ihrer Zeit. Aus diesem Fundus konnten französische Züchter in den folgenden Jahrzehnten schöpfen und verdanken ihr die Führungsrolle in der Rosenzucht des 19. Jahrhunderts.

➤ **Henry Bennett** (1823–1890): Der Viehzüchter und Rosenliebhaber aus England schrieb Rosengeschichte, indem er die Vererbungslehre von der Viehzucht auf die Rosenzucht übertrug – ein Turbo für die Fortentwicklung der Rosen.

➤ **Jean-Baptiste Guillot** (1827–1893): Er revolutionierte die Rosenwelt. Ihm gelang 1867 mit 'La France' die erste Teehybride und damit die erste öfterblühende und dennoch winterharte Rose. 1875 entstand im Hause Guillot die erste Polyantharose.

➤ **Joseph Pernet-Ducher** brachte 1900 mit 'Soleil d´Or' die erste öfterblühende gelbe Sorte hervor.

114. Schnittrosen: **Welche Gartenrosen eignen sich am besten als Schnittrosen? Gibt es Unterschiede bezüglich der Haltbarkeit in der Vase?**

Die einzelnen Blüten am Ende langer Stile prädestinieren vor allem die Edelrosen für den Vasenschnitt (→ Seite 181). Der erwerbsmäßige Schnittrosenanbau verwendet fast ausschließlich solche Sorten. Wegen ihrer Langstieligkeit sind sie leichter zu verpacken, zu bündeln und zu transportieren. Viele Schnittrosen werden jedoch in exotischen Ländern produziert oder unter Treibhausbedingungen. So sind viele der im Floristik-Fachhandel erhältlichen Schnittrosensorten nicht für unsere Gärten geeignet.

Das heißt aber nicht, dass Gartenrosen nicht für die Vase geeignet wären. Wer aus dem eigenen Garten schöpft, kann mit einem Stängel einer büschelblütigen Beet- oder Flächenrose bereits eine attraktive, kurzstielige Vasenfüllung bekommen. Sehr schön sind auch die stark gefüllten Blüten der Alten und Englischen Rosen sowie anderer Romantikzüchtungen. Während Edelrosen im Aufgehen am schönsten sind, entfalten diese Rosen von Tag zu Tag mehr Charme. Alle Rosen halten in nicht zu warmen Räumen viele Tage in der Vase. Mit ein paar Tricks (→ Seite 182) können Sie die Haltbarkeit auch noch verlängern.

115. Sortenwahl: Wie finde ich unter den vielen Sorten die richtige Rose für meinen Garten?

Die Fülle des Angebots ist mitunter tatsächlich erdrückend und macht Anfänger eher ratlos. Ein wenig Planung vor dem Kauf beugt Enttäuschungen vor.
➤ Die wichtigsten Überlegungen: Wo soll meine Rose stehen? Welche Aufgabe soll sie erfüllen? In welches Umfeld muss sie passen? Die Stellung am Zaun mit Sichtschutzfunktion übernehmen am besten hohe Strauchrosen. Als zierlicher Dauerfarbgeber im Beet empfehlen sich Beet- oder Flächenrosen. Kurz: Entscheiden Sie sich zunächst für die Wuchsform.
➤ Das zweite wichtige Kriterium ist in der Regel die Blütenfarbe. Sie soll zu den Beetpartnern passen, zum Zaun- oder Fassadenanstrich.
Mit diesen beiden Entscheidungen haben Sie das Sortenspektrum bereits auf überschaubare Größe eingeengt. Darüber hinaus kommen persönliche Vorlieben zum Tragen: Soll die Sorte einmal- oder öfterblühend sein? Soll sie einfache, gefüllte oder nostalgische Blütenform haben? Oft engt der vorgesehene Standort die Auswahl schon stark ein. Für Halbschatten oder sehr frostige Lagen kommen z. B. nur wenige Spezialisten infrage.

116. Strauchrosen: Eigentlich sind doch alle Rosen Sträucher. Warum gibt es dann die Gruppe der Strauchrosen?

Botanisch betrachtet sind alle Rosen Gehölze und – von den Kletterrosen einmal abgesehen – alle von strauchigem Wuchs. Im modernen Rosensortiment variiert allerdings die Statur der einzelnen Sorten deutlich. Deshalb unterteilt man sie nach der Wuchsform in verschiedene Rosenklassen (→ Seite 79). Als Strauchrosen bezeichnet man heute nur die stattlichsten Vertreter, die 120–200 cm oder höher werden. Die Blüten können einfach, halb gefüllt, gefüllt oder dicht gefüllt sein, die Pflanzen einmal oder wiederholt blühen. Alle Wildrosen und alle Alten Rosen gehören dieser Klasse an. Manchmal unterteilt man Strauchrosen noch in Parkrosen (→ Seite 74) und Zierstrauchrosen (→ Seite 86).

117. **synonyme Namen: Manche Rosen sind unter ganz verschiedenen Namen im Handel. Wie erklärt sich das?**

Die unterschiedlichen Namen für ein und dieselbe Rose erklären sich mit der internationalen Beliebtheit der Rose. Viele Sorten kamen in unterschiedlichen Ländern auf den Markt, wo sie dann oft unter anderen, der Landessprache entsprechenden Namen angeboten werden (→ Info).
Für Wildrosen gibt es oft eine Vielzahl synonymer Namen, da die Bezeichnungen oft in jeder Region und Mundart unterschiedlich ausfallen.

INFO

Die meistverkaufte Rose der Welt
1945 brachte der französische Züchter Francis Meilland eine neue, zweifarbige Edelrose auf den Markt. 'Mme Antoine Francis' hieß die gelb-rote Neuschöpfung in Frankreich. Bedingt durch die Kriegswirren, kam die Sorte in Deutschland unter dem Namen 'Gloria Dei' auf den Markt, in Italien als 'Gioia' und in den USA als 'Peace'.
Sie avancierte mit mehr als 100 Millionen Exemplaren zur meistverkauften und -gepflanzten Rose der Welt.

Die typische Tee-hybriden- oder Edel-rosenblüte ist hoch gebaut – hier die Sorte 'Duftzauber 84'.

118. Teehybriden: ?
Woher kommt die Bezeichnung »Teehybriden«, und welche Rosen gehören in diese Gruppe?

»Teehybride« bedeutet nichts anderes als Edelrose. Zu dem Namen kam es, weil die Züchter im 19. Jahrhundert europäische Gartenrosen mit chinesischen Teerosen kreuzten, die hierzulande nicht ausreichend winterhart waren.

Teerosen hießen deshalb so, weil die ersten Exemplare dieser Rosen auf Teeschiffen von China nach Europa kamen. Das Züchtungsziel lautete: öfterblühende und frostverträgliche Kreuzungen zustande zu bringen, was schließlich 1867 mit der ersten Edelrose 'La France' gelang und der neuen Rosenklasse die Bezeichnung »Teehybride« einbrachte.

119. Trauerrosen: Kürzlich hörte ich den Begriff »Trauerrose«. Welche Rosen sind damit gemeint? ?

Trauerrosen sind Stammrosen, denen auf 140 cm Höhe Kletterrosen- oder langtriebige Flächenrosen-Sorten aufveredelt wurden. Ihre »Hängekronen« erinnern an andere Gehölze in Trauerform, etwa Trauerweiden. Der Begriff wurde inzwischen weitgehend durch den passenderen Namen Kaskadenrosen (→ Seite 66) ersetzt. Das Wort »Trauer« assoziiert bei vielen Menschen Tod und Grabbepflanzung und wird den überbordenden, farbenfrohen Blütenschleiern dieser Stammrosen auf keinen Fall gerecht.

120. Wildrosen: Gibt es nach jahrhundertelanger intensiver Rosenzüchtung überhaupt noch echte Wildrosen?

Als Wildrosen bezeichnet man alle natürlichen Rosenarten, wie z. B. die Hundsrose (*Rosa canina*), die Kartoffelrose (*Rosa rugosa*) und die Zimtrose (*Rosa majalis*). Diese Grundformen sind trotz aller Kreuzungen und Züchtungen erhalten geblieben und kommen auch noch in freier Natur vor, wo sie sich über Sämlinge verbreiten. Dennoch werden auch von Wildrosen oft Sorten angeboten, d. h., vegetativ vermehrte Abkömmlinge mit besonderen Eigenschaften. So existiert z. B. von der Feldrose (*Rosa arvensis*) eine gefüllte Form, die als *R. arvensis* 'Plena' verkauft wird.

121. Wuchshöhen: Wenn ich eine Rose von bestimmter Höhe haben möchte, erfahre ich die Endgröße nur über die Sortenbeschreibungen, oder gibt es andere Orientierungshilfen?

Um das riesige Rosensortiment übersichtlicher zu machen, teilt man es entsprechend seiner Wuchsformen (→ Seite 46) in verschiedene Rosenklassen (→ Seite 79) ein. Diese orientieren sich ganz wesentlich an Höhe und Breite, die die Pflanzen einmal erreichen, und geben somit einen groben Auswahlrahmen vor. Die sortenspezifischen Endhöhen, die einer bestimmten Variationsbreite unterliegen, kann man nur den Sortenbeschreibungen entnehmen.

122. Zentifolien: Ich habe gehört, dass Zentifolien besonders nostalgische, dicht gefüllte Blüten entwickeln. Stimmt das?

Ja, ihr Name deutet ja bereits darauf hin: Zentifolie heißt übersetzt »Hundertblättrige« und bezieht sich auf die Anzahl der Blütenblätter. Ob es wirklich immer 100 sind, sei dahingestellt. Fest steht: Diese Alten Rosen brillieren mit dekorativen, sehr dicht gefüllten Blumen, die wunderbar süß duften. Die hohe Anzahl der Blütenblätter geht auf Kosten der Staubblätter und damit der Fruchtbarkeit, weshalb Zentifolien meist keine Hagebutten bilden.

Bei den Rosen dieser Klasse, die im 16. Jahrhundert in Holland entstanden, handelt es sich bereits um komplexe Kreuzungen. Sie sind einmalblühend und von lockerem, etwas auseinanderfallendem Wuchs. Ihr Farbspektrum bewegt sich zwischen weißlich-rosa bis dunkel karminfarben.

123. Zierstrauchrosen: Unterscheiden sich Zierstrauchrosen von anderen Strauchrosen oder ist das nur eine andere Benennung?

Die Klasse der Strauchrosen (→ Seite 82) wird in vielen Katalogen und Fachbüchern häufig noch in die stattlichen, meist einmalblühenden Parkrosen (→ Seite 74) und die kompakter wachsenden, öfterblühenden Zierstrauchrosen unterteilt. Zierstrauchrosen beschränken sich in der Regel auf Wuchshöhen von 100–200 cm. Je nach Sorte blühen sie einfach, halb oder dicht gefüllt in zahlreichen Farben.

124. Zwergrosen: Bis zu welcher Wuchsgröße spricht man denn noch von Zwergrosen?

Zwergrosen oder Miniaturrosen (→ Seite 70) werden selten höher als 35 cm. Ausschlaggebend für ihre Eingruppierung ist jedoch nicht die Höhe allein. Die Rosen bleiben auch in Laub- und Blütengröße zierlicher und wachsen insgesamt sehr kompakt und reich verzweigt. Sie sind winterhart und damit auch gartentauglich. Leider sind sie im Beet oft etwas anfällig für Pilzkrankeiten, weshalb sie besser in Töpfen und Kübeln kultiviert werden sollten.

1 'MAIDY'
Diese Zwergrose bleibt 35 cm
klein und wird etwa ebenso
breit. Der Dauerblüher treibt
unermüdlich neue Blüten.

2 'MANDARIN'
Diese Sorte mit der außerge-
wöhnlichen Farbgebung wird
nur 25 cm hoch. Sie eignet
sich für innen und außen.

3 'NINETTA'
Diese klassische Patiorose
wächst reich verzweigt und
trägt dadurch überreichlich
Blüten. Höhe 30–40 cm.

4 'ORANGE BABYFLOR'
Diese 30–40 cm hoch werden-
de Zwergrosen-Sorte mit dem
glänzenden Laub gedeiht in
Topfkultur am besten.

5 'PEPITA'
Zierliche, lange haltbare Blüten und gesundes Laub zeichnen diese ADR-Sorte aus. Sie
erreicht ca. 50 cm Höhe.

Pflanzen – wo und wie?

Die besten Voraussetzungen für gesunde und üppige Rosen sind ein optimaler Standort und das richtige Einpflanzen. In diesem Kapitel erfahren Sie das Wichtigste rund um Licht-, Standort- und Bodenverhältnisse.

125. angießen: Zum Abschluss des Pflanzvorgangs soll man die Rose wässern. Wie viel Wasser muss ich dabei angießen?

Das Angießen nach der Pflanzung dient neben der reinen Wasserversorgung vor allem dazu, einen guten Bodenschluss für die Wurzeln herzustellen. D. h., Hohlräume, die sich eventuell beim Anfüllen der Erde ergeben haben, sollen zugespült werden. Der Fachmann spricht deshalb auch vom Einschlämmen (→ Seite 97). Dazu nehmen Sie am besten eine Gießkanne ohne Brauseaufsatz oder legen einen Gartenschlauch an die Pflanzgrube und lassen das Wasser in dickem Strahl laufen.

Gießen Sie drei- bis viermal hintereinander so viel an, dass das Wasser zunächst im Gießrand stehen bleibt und erst nach und nach einsickert.

126. anhäufeln: Das Anhäufeln dient doch eigentlich dem Winterschutz. Wozu wird nach der Frühjahrspflanzung angehäufelt?

Bei einer Rosenpflanzung (→ Seite 108) im Frühjahr wirkt das abschließende Anhäufeln vor allem als Verdunstungsschutz für die Triebe. Bis die Rosen am neuen Standort Wurzeln gebildet haben, ist die Wasserversorgung der Triebe schwierig. Auch wenn die Pflanzen zu diesem Zeitpunkt laublos sind, können sie doch über die Triebe immer noch Wasser verdunsten. Insbesondere im Frühjahr, wenn die Temperaturen steigen und die Sonnenstrahlung wieder kräftiger wird, ist der Verdunstungsschutz eine wirksame Anwachsunterstützung. Abgesehen davon können auch im März und April, je nach regionaler Lage, noch Nachtfröste auftreten, vor denen die Sträucher ebenfalls geschützt werden sollten. Gerade große Unterschiede zwischen Tag- und Nachttemperaturen, wie sie im Frühjahr häufig sind, setzen Rosen sehr stark zu (→ Winterschutz Seite 185).

127. Anhäufelmaterial: Wenn nicht genügend Erde zur Verfügung steht, welches Material eignet sich dann am besten zum Anhäufeln?

Am einfachsten ist es, nach der Pflanzung Reste des Aushubmaterials zum Anhäufeln zu verwenden oder Gartenerde aus einem anderen Teil des Gartens heranzuholen. Steht beides nicht in ausreichender Menge zur Verfügung, können Sie auch Kompost anhäufeln oder sich ein Kompost-Sand-Gemisch herstellen. Auf keinen Fall sollten Sie Torf verwenden. Er neigt dazu, zu viel Nässe zu speichern, und trägt nach dem Abhäufeln auch nicht zur Bodenverbesserung bei. Außerdem sollten Sie aus Umweltschutzgründen auf die Verwendung von Torf sowieso verzichten. Bei eingewachsenen Rosen keineswegs die Erde um den Rosenstock herum zusammenkratzen. Oberflächennahe Saugwurzeln können dabei zu leicht beschädigt werden.

128. Bauerngarten: Ich möchte einen klassischen Bauerngarten anlegen. Welche Rosensorten passen zu diesem Stil?

Hält man sich an die historischen Vorbilder aus vergangenen Zeiten, fügen sich natürlich die Rosen, die zu jener Zeit bereits existierten, am stilechtesten ins Bild. Die Alten Rosen (→ Seite 53) waren ja ein prägender Bestandteil der Bauerngärten früherer Jahrhunderte. Mit ihren üppigen und prall gefüllten

Nach der Pflanzung senkt das Anhäufeln der Rose die Verdunstung. In den Folgejahren dient es als Schutz gegen Kahlfrost.

Blüten sowie dem herrlichen Duft gehörten sie unverzichtbar in jeden ländlichen Garten. Stattliche Alba-Rosen (→ Seite 53) standen häufig am Zaun und erfüllten gleichzeitig Visitenkarten-, Sicht- und Windschutzfunktion. Insbesondere die cremeweiße 'Maxima' machte sich unter der Bezeichnung 'Jakobitenrose' in den alten Bauerngärten unersetzlich. Niedrigere Gallica-Rosen (→ Seite 65) kommen als Einfassungen oder Hecken infrage. Alle Alten Rosen passen auch gut in gemischte Beete und Rabatten zusammen mit typischen Bauerngartenstauden und Zweijährigen wie Rittersporn, Phlox, Fingerhut oder Stockrosen; auch Kräuter gehören zu den klassischen Begleitern.

Allzu genau müssen Sie es jedoch mit der Historie nicht unbedingt nehmen. Den gleichen nostalgischen Effekt erzielen Sie auch mit öfterblühenden Englischen Rosen (→ Seite 63) oder modernen Romantikrosen (→ Seite 77).

Stilistisch harmonieren mit dem üppig-romantischen Flair auch Kletterrosen (→ Seite 67) an Bögen, die Gartenpforten oder Eingänge überspannen oder einfach verschiedene Gartenbereiche optisch trennen. Und im Zentrum klassischer Wegekreuze oder kleiner buchsgesäumter Rondelle machen Hochstammrosen (→ Seite 66) eine gute Figur.

129. Baumschatten: In unserem Garten steht ein alter, sehr hoher Baum. Der Platz unter der lichten Krone ist für viele Stunden des Tages besonnt. Kann ich dort Rosen pflanzen?

Die meisten Rosensorten kommen mit halbschattigen Lagen zurecht, solange sie mindestens fünf Stunden am Tag besonnt werden. Unabhängig von den Lichtverhältnissen ist jedoch der Standort unter einer Baumkrone für Rosen nicht empfehlenswert. Im Traufbereich der Äste und Blätter, die nach Niederschlägen noch lange »nachtröpfeln«, werden Rosenblätter wesentlich länger benetzt, und die Feuchtigkeit hält sich länger im Laub. Diese Bedingungen leisten dem Befall mit Pilzkrankheiten Vorschub, was die Freude an den Rosen schnell verdirbt. Außerdem konkurrieren die Pflanzen im Einzugsbereich der Wurzeln um Wasser und Nährstoffe. Ausnahmen bilden Baumkletterer (→ Seite 55), die an den Baumstamm gepflanzt mühelos lichte Kronen erobern.

130. Bentonit: **Mir wurde empfohlen, beim Pflanzen Bentonit zuzusetzen. Was ist das, und was bewirkt es?**

Bentonit ist ein Gesteinsmehl, das zur Verbesserung von Sandböden eingesetzt wird. Man mischt es unter den Aushub, wenn man das Pflanzloch wieder damit befüllt. Bentonit ist im Fachhandel erhältlich und hat folgende positive Eigenschaften:

➤ Die Wasserhaltekraft der ansonsten extrem durchlässigen Sandböden wird gesteigert. Das Bodenwasser bleibt für die Rosenwurzeln länger verfügbar.

➤ Auch Pflanzennährstoffe werden besser gebunden und nicht so schnell ausgespült. Das optimiert die Ernährungssituation der anspruchsvollen Rosen, die auf armen Sandböden sonst schnell kümmern.

131. Bezugsquellen: **Ich suche zwei bestimmte Rosensorten, kann sie aber in keinem Gartencenter und keiner Gärtnerei in meiner Umgebung finden. Wo bekomme ich sie her?**

Tatsächlich kann es oft schwierig sein, spezielle, ausgefallenere Sorten im Angebot der Region zu bekommen. Die gängigen Gartencenter-Sortimente müssen sich schon aus Platzgründen beschränken auf häufig nachgefragte Sorten und Farben. Wer Spezialitäten sucht, etwa ältere Sorten, Historische Rosen oder Englische Rosen, findet bei den großen Rosenschulen, einigen Spezialbetrieben und Rosenzüchtern in

Deutschland ein umfangreiches Angebot. Fast alle versenden ihre Ware deutschlandweit auch an Hobbygärtner – auf Anfrage oder gegen höhere Frachtkosten auch ins Ausland. Viele bieten im Internet einen Überblick über ihr Sortiment oder sogar die Möglichkeit, online zu bestellen.

Im Anhang dieses Buches finden Sie einige Adressen.

132. Bodenansprüche: Wie sollte der ideale Boden für die Rosenkultur aussehen?

Rosen lieben lockere, nährstoffreiche, humose und auch tiefgründige Böden (→ Seite 126). Der pH-Wert liegt idealerweise zwischen 6 und 7. Ideal sind sandiglehmige Erden mit einem hohen Humusanteil. Wenigstens die obersten 30 cm des Bodens sollten deutlich von Humus (→ Seite 99) geprägt sein. Absolut tödlich für Rosen sind verdichtete Bodenschichten im Durchwurzelungsbereich (bis zu einem Meter Tiefe), wie sie etwa auf Neubaugrundstücken durch das Befahren mit Baumaschinen häufig vorkommen. Sie können sich zum einen als Wurzelbarriere auswirken und zu Kümmerwuchs führen. Zum anderen kommt es hier nach Niederschlägen zu Stauwasserbildung, was Rosen überhaupt nicht vertragen.

133. Bodenmüdigkeit: Meine Kletterrose ging ein. Ich wollte jetzt eine neue nachpflanzen, habe aber gehört, das funktioniere nicht wegen der Bodenmüdigkeit? Stimmt das?

Richtig. Die neue Kletterrose würde sich an gleicher Stelle, wenn überhaupt, dann nur kümmerlich entwickeln. Mit Bodenmüdigkeit bezeichnet man dieses rosenspezifische Phänomen, dessen Ursachen noch nicht völlig geklärt sind. Wo immer man Rosen auf Flächen pflanzt, auf denen zuvor bereits Rosen standen, tritt eine deutliche Wuchsdepression ein, die bis zum Absterben führen kann. Man spricht auch von Nachbaukrankheit (engl. replant disease). Es wird vermutet, dass spezielle Ausscheidungsprodukte der Rosenwurzeln dafür verantwortlich sind, die in komplexer Wechselwirkung mit Bodenbakterien und Nematoden stehen. Mitunter tritt das Problem sogar dann auf, wenn auf Plätze gepflanzt wird, auf denen vorher andere Rosengewächse (*Rosaceae*) – also nahe verwandte Pflanzenarten wie z. B. Apfel, Birne oder Erdbeeren – standen.

Durch großzügigen Bodenaustausch an der Pflanzstelle können Sie das Problem jedoch umgehen. Graben Sie ein Pflanzloch von mindestens 70 x 70 cm Breite und 70 cm Tiefe aus und füllen Sie die Grube mit frischer Erde auf.

134. **Bodenverbesserung: Wenn kein optimaler Rosenboden vorliegt, wie lässt sich sandiger bzw. schwerer Boden verbessern?**

Wer hat schon idealen Boden? Er ist wohl eher die Ausnahme. In der Regel liegt ein Gemisch aus Sand-, Lehm-, Ton- und Humusanteilen in unterschiedlicher Gewichtung vor. Sandige Böden lassen sich leicht bearbeiten, trocknen relativ schnell aus und können

EXTRATIPP

So entnehmen Sie eine Bodenprobe

Stechen Sie an verschiedenen Stellen Ihrer Beete mit dem Spaten 25 cm tief in die Erde und streifen Sie mit einer Handschaufel über die gesamte Spatenlänge eine Erdprobe ab. – Mischen Sie die Einzelproben zusammen und füllen Sie sie in einen Plastikbeutel (nicht mehr als 500 g). – Entnehmen Sie auf die gleiche Weise auch eine Probe des Unterbodens (25–50 cm Tiefe). – Beschriften Sie beide Beutel (Absender, Oberboden, Unterboden) und senden Sie sie dann ein.

Nährstoffe schlecht binden. Schwere Böden sind nur mit großer Anstrengung zu bearbeiten. Dafür halten sie Nährstoffe und Wasser sehr gut, leiden aber schnell unter Sauerstoffmangel. Die negativen Eigenschaften beider Varianten können Sie durch folgende Maßnahmen ausgleichen:

➤ **Schwere Lehm- und Tonböden** werden durch Zusatz von Sand, feinem Kies oder Perlite luftiger und durchlässiger. Auch das Untermischen von Kompost wirkt auf die gleiche Weise. Seine groben Bestandteile lockern zu bindiges Substrat hervorragend auf und sorgen für bessere Belüftung.

➤ **Leichte, sandige Böden** dagegen macht die Beigabe von Gesteinsmehlen wie Bentonit (→ Seite 93) oder der Zusatz von lehmiger Erde (die Sie vielleicht von Freunden aus anderen Regionen bekommen können) bindiger. Auch hier fördert der Zusatz von Kompost den Standort maßgeblich. Er wirkt zugleich als Dünger und verbessert Wasser- und Nährstoffhaushalt nachhaltig.

135. Containerrosen: Was genau sind Containerrosen, und worin bestehen ihre Vorteile?

Als Containerrosen bezeichnet man Rosen, die in Töpfen (meist aus Kunststoff) kultiviert und darin auch zum Verkauf angeboten werden. Die Pflanzgefäße haben mindestens 2, meistens 5 Liter Volumen. Die Containerkultur hat den Vorteil, dass Unentschlossene während der ganzen Saison, auch zur

Containerrosen gibt es meist in 5-Liter-Töpfen. Sie besitzen bereits einen gut durchwurzelten Ballen und wachsen gut ein.

Blütezeit, »ihre« Rose auswählen und auch gleich an Ort und Stelle pflanzen können.

Containerrosen sind nicht, wie Wurzelnackte (→ Seite 132), an die Pflanzzeiten Frühjahr und Herbst gebunden, da sie bereits einen durchwurzelten Ballen mitbringen. Aus diesem Grunde kann man sie – abgesehen von Frostperioden – rund ums Jahr pflanzen.

136. Durchwurzelung: Ich habe eine Containerrose gekauft. Beim Pflanzen fiel der Ballen auseinander, denn er war noch nicht richtig durchwurzelt. Muss ich reklamieren?

Die Rosenschulen setzen gegen Ende der Pflanzzeit wurzelnackte Exemplare in Container, damit sie darin bewurzeln und man die Pflanzen dann während der Saison als Containerrosen verkaufen kann.

Sollten Sie Ende April oder Anfang Mai so eine frisch getopfte Rose erstanden haben, macht das gar nichts. Zu diesem Zeitpunkt wird sie noch nicht ausgetrieben haben. Sie können sie wie eine Wurzelnackte in den Garten pflanzen. Den kleinen Rückstand wird sie schnell aufholen.

Handelt es sich jedoch um eine ausgetriebene, belaubte Rose, die während des Sommers gekauft wurde, sollten Sie die schwache Wurzelbildung ruhig reklamieren. Vermutlich zeigt sich das Defizit aber bereits auch an Trieben und Blättern.

137. einschlämmen: Ich habe gehört, man soll Rosen nach dem Pflanzen »einschlämmen«. Was bedeutet das genau?

Rosenwurzeln brauchen rundum guten Bodenschluss, um gut anwachsen zu können und schnell kräftig auszutreiben. Eventuell noch vorhandene Hohlräume und Lufteinschlüsse in der Erde müssen also zugespült werden. Daher müssen Sie die Rose nach dem

Eine Rose der Güteklasse A hat mindestens drei Triebe und gut verzweigte Wurzeln.

Pflanzen kräftig angießen (→ Seite 90). Diesen Vorgang nennt der Gärtner »einschlämmen«.

138. Güteklassen: In einem Katalog habe ich von Jungpflanzen der Güteklassen A und B gelesen. Was sind Güteklassen, und worin liegt der Unterschied zwischen Güteklasse A und B?

Veredelte Rosen werden je nach Aussehen im Handel oftmals in zwei Güteklassen angeboten:

➤ Pflanzen der **Güteklasse A** müssen neben einem gut verzweigten Wurzelwerk mindestens drei kräftige Triebe aufweisen, wobei zwei davon der Veredlungsstelle entspringen müssen.

➤ Ware der **Güteklasse B** muss ebenso über gut entwickelte Wurzeln verfügen, braucht aber nur zwei der Veredelungsstelle entspringende Triebe vorweisen.

139. halbschattiger Standort: Unser Vorgarten liegt im Halbschatten und hat nur für wenige Stunden am Vormittag Sonne. Kann ich dort trotzdem Rosen pflanzen?

Auch bei einem halbschattigen Standort geht man davon aus, dass er mindestens 4–5 Stunden pro Tag direkter Sonneneinstrahlung ausgesetzt ist. Diese Sonnenscheindauer genügt den meisten Rosen noch, um sich zufriedenstellend zu entwickeln, wenn auch ein sonnigerer Platz in der Regel mehr Blütenfülle und bessere Gesundheit nach sich zieht. Drei Stunden

Sonne ist für die anspruchsvolle Königin der Blumen schon sehr wenig. Hier sollten Sie unbedingt robuste, schattenverträgliche Sorten wählen, z. B.:

➤ **Kletterrosen:** 'Albéric Barbier', 'Mme Alfred Carrière', 'New Dawn', 'Veilchenblau', 'Zéphirine Drouhin'

➤ **Strauchrosen:** 'Angela', 'Mme Hardy', 'Schneewittchen', 'Vogelpark Walsrode'

➤ **Beetrosen:** 'Bonica 82', 'Maxi Vita', 'Play Rose', 'Rosenprofessor Sieber'

➤ **Flächenrosen:** 'Celina', 'Heideröslein Nozomi', 'Heidetraum', 'Mirato', 'The Fairy'

➤ **Edelrosen:** 'Aachener Dom', 'Ambiente', 'Focus', 'The Queen Elisabeth Rose'

➤ **Alte Rosen:** Alba-, Damaszener- und Gallica-Sorten

140. **Humus: Was genau versteht man eigentlich unter Humus, und warum ist er so wichtig für Rosen?**

Als Humus bezeichnet man die Gesamtheit der abgestorbenen organischen Bodensubstanz. Organisches Material sind z. B. Pflanzenwurzeln, Falllaub, herabgefallene Blütenblätter etc., aber auch tierische Organismen. Die Bodenflora, wie Bakterien, Pilze, Algen, und die Bodenfauna, zu der tierische Mikro- und Kleinorganismen zählen, zersetzen diese natürlichen Substanzen und wandeln sie dabei wiederum in pflanzenverfügbare Nährstoffe um. Die oberste, dunkel gefärbte Bodenschicht enthält am meisten Humus.

Humus hilft die angestrebte krümelige Struktur der Erde herzustellen, die für einen guten Luft-, Wasser- und Wärmehaushalt wichtig und für Pflanzenwurzeln gut erschließbar ist. Außerdem ist Humus die einzige Stickstoffquelle im Boden. Stickstoff ist für das Pflanzenwachstum und die Entwicklung der grünen Blätter der wichtigste Nährstoff. Auch andere wichtige Pflanzennährstoffe stellt Humus zur Verfügung. Er ist somit für die Bodenfruchtbarkeit ein bestimmender

Faktor und nicht nur auf Rosenstandorten wichtig. Dort allerdings besonders, da Rosen relativ hohe Ansprüche an Nährstoff- und Wasserversorgung stellen.

141. humusreich: Wann ist ein Boden humusreich, und woran kann ich das erkennen?

Graben Sie in Ihrem Garten ein zwei Spaten tiefes Loch. Die Erde wird oben am dunkelsten sein, weil hier der Humusgehalt am höchsten ist. Grob verallgemeinernd kann man sagen: Je mächtiger und dicker die dunkle Schicht ist und je schwärzer die Farbe, desto besser eignet sich der Boden für die Rosenpflanzung. Wie hoch der Humusanteil genau liegt, lässt sich durch eine Bodenanalyse bestimmen. Bodenkundler definieren die Grenzen folgendermaßen:

➤ **humusarm:** weniger als 1 % organische Substanz
➤ **schwach humos:** 1–2 % organische Substanz
➤ **mäßig humos:** 2–4 % organische Substanz
➤ **stark humos:** 4–8 % organische Substanz
➤ **humusreich:** 8–15 % organische Substanz
➤ **anmoorig:** 15–30 % organische Substanz
➤ **torfig:** 30 % organische Substanz und mehr

Ideal für die Rosenkultur sind stark humose bis humusreiche Böden. Lehmige Böden bieten auch mäßig humos noch ausreichende Bedingungen. Alle anderen Böden sollten bei der Pflanzung durch entsprechende Zusätze gezielt verbessert (→ Seite 95) werden.

142. Kompost: Wir haben im Garten einen kleinen Komposthaufen. Können wir den Kompost zur Rosenpflanzung verwenden?

»Kompost ist das Gold des Gärtners«, heißt es – treffender könnte man es nicht formulieren. Was Stauden und Sommerblumen guttut, fördert auch die Rosen. Ausgereifter Kompost (→ Seite 156) ist bester Dünger, voll von wertvollen Nährstoffen und zugleich

Bodenverbesserer, da er den Humusanteil in der Erde erhöht. Versetzen Sie den Aushub bei der Rosenpflanzung bis zu einem Drittel mit reifem Kompost – das ist die optimale Startdüngung. In den Folgejahren im Winter mit Kompost anhäufeln, den Sie dann im Frühjahr auf die Pflanzscheibe verteilen. Damit erhält die Rose zum Austrieb alle nötigen Nährstoffe.

143. Kümmerwuchs: An unserem Rosenbogen haben wir vor zwei Jahren eine überalterte Kletterrose durch eine neue ersetzt. Sie kümmert jedoch. War es die falsche Sorte?

An der Sorte liegt das vermutlich nicht. Vielmehr haben Sie es mit dem Phänomen der Bodenmüdigkeit (→ Seite 94) zu tun. Wo immer Rosen an Stellen gepflanzt werden, an denen bereits zuvor Rosen oder auch andere Rosengewächse standen, tritt Kümmerwuchs auf, der bis zum Absterben der Pflanze führen kann. Haben Sie keine Alternative zu diesem Standort, dann schafft nur ein großzügiger Bodenaustausch Abhilfe, wenn Sie wieder Rosen pflanzen wollen.

144. Kümmerwuchs: Wir sind vor wenigen Jahren in eine Neubausiedlung gezogen. Die meisten Gartenpflanzen sind gut angegangen, nur die Rosen kümmern – woran kann das liegen?

Wenn die übrigen Standortfaktoren (→ Seite 126) wie Bodenart, Lichtverhältnisse etc. stimmen, könnte der Kümmerwuchs Ihrer Rose auf eine verdichtete Bodenschicht hinweisen. Auf Neubaugrundstücken ist das keine Seltenheit. Durch das häufige Befahren mit schweren Baumaschinen wird der Boden stark komprimiert und verdichtet. Nach Fertigstellung des Hauses wird dann Muttererde oft nur oberflächlich angeschüttet. Für Stauden und Blumen genügt ein durchwurzelbarer Bodenhorizont von 30 cm meist. Rosen sind jedoch Tiefwurzler (→ Seite 41), sie wollen in tiefere Schichten vordringen. Verdichtungshorizonte wirken sich als Wurzelbarriere aus und können den Kümmerwuchs auslösen. Häufig kommt es auch zu Stauwasserbildung über den komprimierten Schichten, was für Rosenwurzeln tödlich ist.

145. lagern: Wie kann ich Rosen lagern, wenn ich nach der Lieferung bestellter Rosen nicht gleich pflanzen kann?

Alle Rosenschulen, die ihre Ware versenden, verpacken die Pflanzen sehr professionell, so dass sie ohne Probleme auch einige Tage im Karton ohne Schaden überstehen. Voraussetzung ist, sie stehen frostfrei, aber kühl und im Schatten. Darüber hinaus muss man unterscheiden, ob es sich um wurzelnackte Jungpflanzen handelt, wie sie von Oktober bis Mai verschickt werden, oder um Containerware, die von Mai bis September/Oktober versandt wird.

➤ Falls Sie nach Ankunft der Rosen nicht sofort zum Pflanzen kommen, öffnen Sie in jedem Fall möglichst bald den Karton, damit Luft an die Rosen kommt.

➤ Bei Wurzelnackten trägt der Wurzelbereich meist eine schützende Umhüllung. Lassen Sie die vorerst dran, es sei denn, sie besteht aus Plastik (Plastiktüten immer sofort entfernen!).

➤ Stellen Sie die Pflanzen an einen frostfreien, kühlen (maximal 10 °C), trockenen und dunklen Platz, dann halten sie es auch rund eine Woche bis zur Pflanzung aus. Wichtig ist, dass kein Licht und kein Wasser die Pflanzen zum vorzeitigen Austrieb veranlassen! Sie müssen im Ruhezustand verharren.

➤ Vergeht bis zur Pflanzung mehr als eine Woche, empfiehlt es sich, die Pflanzen entweder in feuchte, lockere Erde einzuschlagen oder in einen Eimer mit Wasser zu stellen.

➤ Containerware in belaubtem Zustand sollten Sie so schnell wie möglich aus der Verpackung nehmen, damit die Blätter assimilieren können.

➤ Bis zur Pflanzung in den Garten können sie jedoch bei entsprechender Pflege auch problemlos mehrere Wochen als »Topfpflanzen« gehalten werden, bis schließlich bei gutem Wachstum der Container irgendwann zu klein wird.

Rosen lieben sonnige Pflanzplätze. Vor sonnenexponierten Hauswänden kommt es jedoch oft zu schädlichen Hitzestaus.

146. Mittagshitze: Rosen wollen sonnig stehen. Es heißt aber auch, dass Mittagshitze schadet. Was stimmt nun?

Rosen bevorzugen – bis auf wenige Ausnahmen – einen sonnigen Standort. Es stimmt aber auch, dass pralle Mittagshitze ihre »Schattenseiten« für die Rosenkultur haben kann:

➤ Vor allem dunkelrote Rosen leiden bei hochsommerlicher Mittagsonne oft unter »Sonnenbrand« (→ Seite 227), der zu unschönen Farbveränderungen an den Blüten führt.

➤ Duftrosen verpuffen in der Hitze ihr »Parfum« leider sehr schnell.

➤ Darüber hinaus leiden alle Rosen besonders stark unter der Mittagshitze, wenn sie noch vor Gebäudemauern und Südwänden stehen, die die Luftbewegung unterbinden und sich durch die Sonneneinstrahlung stark aufheizen. Sie reflektieren dann zusätzlich Licht und Wärme. Hier entstehen regelrechte Hitzestaus, die die Rosen anfällig für Krankeiten und Schädlingsbefall machen. So entwickelt sich z. B. die Rote Spinne (→ Seite 223) bei derartigen Bedingungen besonders rasant.

147. naturnaher Garten: Ich bin ein Freund naturnaher Gärten und möchte gerne einige Rosen integrieren. Welche passen?

Rosen und naturnaher Garten muss keineswegs ein Widerspruch sein. Folgende Gruppen fügen sich besonders harmonisch in diesen Stil ein:

➤ **Wildrosen:** Sie passen mit ihrem ursprünglichen, natürlichen Charme besonders gut in naturnahe Gärten. Sie können als Hecke das Grundstück begrenzen und ersetzen mit ihren wehrhaften, stacheligen Trieben jeden Zaun. Zur Blütezeit werden sie zum attraktiven Blickfang mit ihrer Fülle an einfachen, seidigen Blüten, die viele Insekten anlocken und damit den Garten beleben. Ihr Geäst bietet zusätzlich vielen Vögeln Nistplätze sowie Igeln und anderen Kleintieren einen geschützten Lebensraum.

➤ **Zierstrauchrosen:** Auch unter den modernen Zuchtformen gibt es durchaus Vertreter, die sich in naturnahe Gärten fügen. Einfache oder halb gefüllte Sorten etwa ähneln in ihrer Ausstrahlung den Wildro-

Wildhafte Strauchrosen verbreiten naturnahes Flair.

sen. Tragen sie auch noch das ADR-Prädikat (→ Seite 52), zeichnen sie sich durch große Robustheit aus und behaupten sich sicher auch in »wilderen« Gärten. Infrage kommen z. B. 'Angela', 'Northern Lights', 'Pierette', 'Rotes Meer', Westerland' oder 'Windrose'. Sie machen in Einzelstellung eine gute Figur, bestehen aber auch als Bestandteil gemischter Blütenhecken.

➤ **Ramblerrosen:** Sehr natürlich wirken auch Rambler, die sich in Baumkronen hochhangeln (→ Seite 55) und dort für eine zusätzliche Blüte sorgen. Die Sorten sind in der Regel sehr robust, gesund und pflegeleicht und können sich weitgehend selbst überlassen bleiben. Die Bäume, die als Rankhilfe dienen, sollten lichte Kronen haben, damit genügend Sonnenstrahlen zum Rosenlaub durchdringen können. Alte Obstbäume eignen sich hervorragend, aber auch Robinien oder ältere Kiefern.

➤ **Kletterrosen:** Auch die etwas steiferen Climber (→ Seite 59) finden durchaus ihren Platz im naturnahen Garten. Sie können Wandspaliere, Pergolen oder Lauben begrünen und somit einen sanften Übergang zwischen Gebäuden und Natur herstellen.

➤ **Flächenrosen:** Züchtungsziele bei den Flächenrosen sind: extreme Robustheit und Gesundheit sowie geringer Pflegeaufwand. Eigenschaften, die diese Gruppe auch für naturnahe Gärten empfehlen. Nicht umsonst gibt es hier die meisten ADR-Sorten. Flächenrosen sorgen schnell für geschlossene Pflanzendecken und ersparen dem Gärtner das Unkrautjäten. Pflanzt man wurzelechte Ware, wird dieser Prozess durch Ausläuferbildung noch beschleunigt, außerdem brauchen keine Wildtriebe entfernt zu werden.

148. Pfahl einschlagen: Brauchen Hochstammrosen immer einen Pfahl als Stütze?

Hochstammrosen brauchen einen Pfahl als Stütze, weil die erhöhte Krone auf dem langen Stamm bei Windeinwirkung stärkere Hebelkräfte entwickelt.

Es empfiehlt sich, zuerst den Pfahl einzuschlagen, denn nach dem Pflanzvorgang bestünde die Gefahr, die Wurzeln zu verletzen.

➤ Graben Sie zunächst das Pflanzloch in der notwendigen Größe aus (→ Seite 112). Es darf für Stammrosen auch etwas größer ausfallen.

➤ Klopfen Sie dann den Stützpfahl 20–30 cm tief in den Grund des Pflanzlochs. Er muss so lang sein, dass er nach dem Einschlagen noch bis in die Krone der Stammrose reicht.

➤ Setzen Sie dann die Rose ein und befestigen Sie sie mit Kokosstricken oder Bast mit einer Achterschlaufe mehrfach am Pfahl. Mindestens einmal in der Krone und einmal am Stamm, etwa auf halber Höhe.

149. Pflanzabstand im Beet: Wenn ich Rosen im Beet in Gruppen pflanze oder mit anderen Pflanzen vergesellschafte, welche Pflanzabstände muss ich dabei einhalten?

➤ Für Gruppenpflanzungen kommen in der Hauptsache **Beetrosen** infrage. Bei reinen Rosenpflanzungen sollte der Abstand zwischen den einzelnen Rosen 30–40 cm betragen, bei starkwüchsigen Sorten auch 50 cm. Um eine geschlossene Pflanzenfläche zu erzielen, benötigen Sie also 6–8 Pflanzen pro Quadratmeter (3–5 bei stark wachsenden Sorten). Bei Vergesellschaftung mit Stauden und Sommerblumen kommt es auch auf die Wuchskraft der Kombinationspartner an. Für Nachbarn, die wie die Beetrosen nicht höher als kniehoch wachsen, gelten die gleichen Abstandsempfehlungen wie für Rosen untereinander. Stattliche Prachtstauden wie Rittersporn oder mehrjährige Sonnenblumen brauchen jedoch mehr Distanz.

➤ Für **Edelrosen** in gemischten Rabatten gelten etwa 50–60 cm Abstandsempfehlung.

➤ Bei **Strauchrosen**, die ebenfalls gut in gemischte Pflanzungen passen, hängt der Pflanzabstand zu den Beetnachbarn stark von der eigenen Wuchsform ab.

Es gibt straff aufrecht wachsende und solche, die breitbogig überhängen und bis zu eineinhalb Meter breit werden. Entsprechend unterschiedlich sind die Abstände zu wählen, damit sich die Pflanzen sortentypisch entfalten können. Informieren Sie sich hier vor der Pflanzung über die Endgröße.

150. Pflanzabstand zu Gehölzen: Darf ich Rosen mit anderen Gehölzen zusammenpflanzen, und wie nahe dürfen sie sich kommen?

Das kommt ganz auf die jeweiligen Partner an. Grundsätzlich schätzen Rosen keine wuchernden Nachbarn. Weder Wurzeldruck noch Konkurrenz um Licht und Sonne tun der Königin der Blumen gut. Sie möchte in gemischten Ensembles schon gerne die Hauptrolle spielen. Man sollte sie auch nicht unter andere Gehölze pflanzen. Auch im Traufbereich von Baumkronen (→ Seite 92) haben sie – außer robusten Ramblern – nichts verloren.

➤ Problemlos funktionieren Formschnitthecken als Hintergrund. Sie geben zudem eine hervorragende optische Kulisse für die farbigen Rosenblüten ab.

➤ Auch Zwerggehölze oder säulenförmig wachsende Koniferen harmonieren in gemischten Rabatten gut mit Rosen, weil deren Silhouetten begrenzt bleiben und der Rose nicht auf die Pelle

EXTRATIPP

Wie weht der Wind? Prüfen Sie beim Pfählen einer Hochstammrose vorher die Hauptwindrichtung am vorgesehenen Standort. Den wirksamsten Halt und Schutz ergibt die Stütze nämlich, wenn sie in Windrichtung *vor* die Rose gesetzt wird. Auf diese Weise wird die Rose gehalten, ohne mit ihren Trieben ständig an den Pfahl zu schlagen und dadurch eventuell verletzt zu werden.

rücken. Auch hier gilt es, die Endgrößen zu vergleichen und die Pflanzabstände so zu wählen, dass sich beide Partner artgerecht entfalten können.

➤ Wenn Sie Strauchrosen in eine blühende Hecke integrieren wollen, die sich zu Sichtschutzzwecken schnell schließen soll, dann können bzw. sollten die Äste auch ineinanderragen.

151. pflanzen: Wie pflanze ich eine Rose fachgerecht ein?

Beim Pflanzen unterscheidet man zwischen wurzelnackten Rosen (→ Seite 132) und Containerrosen (→ Seite 96) sowie wurzelballierter Ware (→ Seite 131).

Vor dem Einpflanzen sollten Sie wurzelnackte Rosen mehrere Stunden lang in einem Eimer mit Wasser wässern.

1

Graben Sie ein großzügiges Pflanzloch aus und lockern Sie den Boden und die Ränder mit der Grabegabel gut auf.

2

Setzen Sie Containerrosen so ein, dass der Wurzelballen am Ende mit der Bodenoberfläche abschließt.

3

Wurzelnackte Rosen pflanzen:

➤ Vor dem Pflanzen sollten Sie die Rose ausgiebig **wässern**. Am besten legen Sie sie mindestens 2–3 Stunden in eine Wanne mit Wasser, so dass nicht nur die Wurzeln, sondern auch die Triebe eintauchen.

➤ Wurzelnackte Rosen erhalten vor dem Einsetzen einen **Pflanzschnitt** (→ Seite 113). Dazu kürzen Sie die oberirdischen Triebe auf 20–30 cm, schneiden verletzte Wurzeln kurz oberhalb der Schadstelle ab und stutzen gesunde Wurzeln auf 20–25 cm Länge.

➤ Heben Sie das **Pflanzloch** auf guten Böden in einer Größe von etwa 40 x 40 x 40 cm aus. Die Wurzeln müssen ausreichend Platz zur Entfaltung haben und dürfen nirgendwo anstoßen. Eine Handbreit Platz sollte ringsum zum Rand der Grube frei bleiben. Lockern Sie den Boden und die Ränder des Pflanzlochs mit einer Grabegabel gut auf. Auf sehr sandigen, schweren oder verdichteten Böden sollten Sie das Pflanzloch größer ausgraben (mindestens 70 x 70 x 70 cm) und den Aushub verbessern (→ Seite 95).

➤ Beim **Einsetzen** ist es hilfreich, wenn ein Helfer die Rose in das Pflanzloch hält, während Sie den Aushub auffüllen. Die Veredlungsstelle (→ Seite 43) der Rose soll dabei 5 cm unter der Bodenoberfläche zu liegen kommen. Wenn Sie einen Stab quer über das Pflanzloch legen, fällt es leichter, den richtigen Abstand abzuschätzen.

➤ Setzen Sie dem **Aushub** ein Drittel gut verrotteten Komposts zu – zur Bodenverbesserung und als Startdüngung. Die Erde um die Wurzeln vorsichtig antreten und einen leichten Gießrand stehen lassen.

➤ Mit einem kräftigen Wasserstrahl aus dem Gartenschlauch das Pflanzloch nun gut **einschlämmen** (→ Seite 97).

➤ Zum Abschluss **anhäufeln** (→ Seite 90). Schütten Sie dazu Gartenerde oder Kompost so hoch um die Triebe an, bis nur noch die Spitzen herausragen. Diese Maßnahme reduziert die Verdunstung während der kritischen Bewurzelungsphase, schützt vor dem Austrocknen und dient zugleich als Frostschutz. Die Erdhäuflein werden Ende März/Anfang April wieder entfernt (bei Frühjahrspflanzung nach 8 Wochen).

Containerware und wurzelballierte Rosen pflanzen:
➤ Containerrosen und wurzelballierte Ware brauchen keinen Pflanzschnitt.
➤ Zum Wässern tauchen Sie den Erdballen so lange in einem großen Eimer unter Wasser, bis keine Luftblasen mehr aus der Erde aufsteigen.
➤ Entfernen Sie bei Containerrosen den Kunststofftopf und reißen Sie gegebenenfalls verfestigte Wurzelballen (→ Seite 132) etwas auf. Die Torf- oder Pappbehälter wurzelballierter Rosen sind in der Regel verrottbar und können einfach mit eingepflanzt werden. Manchmal hält auch ein Drahtgeflecht den Ballen zusammen. Da es für die Wurzeln kein Hindernis darstellt, kann es ebenfalls mitgepflanzt werden.
➤ Die Triebe tragen oft eine schützende Wachsschicht (→ Bild Seite 128). Diese dürfen Sie nicht entfernen – die Verletzungsgefahr für die Pflanze wäre zu groß. Das spätere Wachstum sprengt den Wachsmantel von alleine ab.
➤ Beim Einsetzen der Rosen ins Pflanzloch sollte der Ballen mit der Erdoberfläche abschließen.
Die weiteren Pflanzarbeiten (Aushub verbessern, angießen, anhäufeln) entsprechen denen beim Pflanzen wurzelnackter Rosen.

152. Pflanzen von Hochstämmchen: Auf welche Besonderheiten muss ich beim Pflanzen von Rosenhochstämmchen achten?

Das Wichtigste beim Pflanzen von Hochstämmchen ist der stützende Pfahl.
➤ Schlagen Sie vor dem Einsetzen der Stammrose ins Pflanzloch einen Stützpfahl in den Boden der Grube. Daran wird das Stämmchen später zweimal befestigt: Einmal in der Krone und einmal auf halber Stammhöhe. Verwenden Sie dazu am besten Jute- oder Bast-

bänder und binden Sie den Stamm mit einer Achterschlaufe am Pfahl fest. Die Bänder dürfen nicht zu
eng sitzen, damit sie die Rinde nicht abschnüren.

➤ Hochstämmchen setzt man so tief ein, wie sie
zuvor in der Baumschule standen. In jedem Fall sollte
die Zapfenschnittstelle, die als Verdickung am Fuße
des Stamms zu erkennen ist, etwa eine Handbreit
oberhalb der Bodenoberfläche bleiben. Sie weist eine
natürliche Krümmung auf. Alle Stammrosen, ob
Hoch-, Halb- oder Fußstamm, sowie Kaskaden- oder
Trauerrosen tragen ihre Veredlungsstelle in der Krone.
Sie brauchen daher beim Einpflanzen auf ihre Platzie-
rung im Boden nicht zu achten.

➤ Pflanzen Sie die Stammrose so ein, dass sie später
mit der natürlichen Krümmung über die Zapfenschnittstelle hinweg zu Boden gebogen werden kann.
Diese Maßnahme dient in den Folgejahren dem Winterschutz (→ Seite 185), daher muss in dieser Richtung ausreichend Platz im Beet vorhanden sein. Biegt
man den Stamm in die entgegengesetzte Richtung,
bricht das Holz leicht aus.

**153. Pflanzen von Kletterrosen: Ich möchte Klet-
terrosen pflanzen. Welchen Abstand zur Rankhilfe muss ich einhalten?**

Etwa 20–30 cm Abstand zur Rankhilfe sollten Sie
schon einhalten. Damit die Rose gleich in die richtige
Richtung wächst, setzen Sie sie am besten leicht
schräg zur Rankhilfe geneigt ein. Die Neigung erleichtert Ihnen auch später das Aufbinden der Triebe.
Soll die Rose ein Wandspalier begrünen, dann achten
Sie darauf, dass das Spalier zur Wand 10–30 cm Abstand hat, damit Luft zirkulieren kann. Das ist ganz
besonders wichtig, wenn die Mittagssonne die Wand
erhitzt (→ Seite 103).
Rambler, die Bäume erklimmen (→ Seite 55) sollen,
pflanzt man wegen der Wurzelkonkurrenz mindestens
einen Meter vom Baumstamm entfernt ein.

154. Pflanzerde: Wie sieht die ideale Erde für Rosen aus, und wie erkenne ich sie?

Die ideale Rosenerde ist locker und damit gut belüftet, wasserdurchlässig, humus- und nährstoffreich. Der pH-Wert liegt zwischen 6 und 7. Zur Einschätzung Ihres Bodens hilft meist schon eine einfache Fingerprobe: Nehmen sie eine Handvoll Erde auf und reiben Sie sie zwischen den Fingern:

➤ **Der ideale Boden** ist relativ dunkel, leicht feucht und enthält Bodenbestandteile verschiedener Größen, etwa grobe Sandkörner, Humusfasern, aber auch kleine »schmierige« Teile. Aus diesem Boden können Sie zwischen den Fingern Klumpen formen, die aber beim Trocknen wieder zerfallen.

➤ **Leichte sandige Böden** sind meist heller und bestehen fast nur aus groben, deutlich fühl- und sichtbaren Korngrößen. Die Erde hält kaum zusammen, in trockenem Zustand rieselt sie durch die Finger.

➤ **Schwere Böden** setzen sich aus lauter winzig kleinen Einzelteilchen zusammen und fühlen sich daher glatt und etwas schmierig an. Man kann sie wie Knetgummi kneten, wobei oft glänzende Oberflächen zu sehen sind. Die Klumpen werden beim Trocknen steinhart.

Wenn Sie die Zusammensetzung Ihres Bodens genau erfahren wollen, sollten Sie eine Bodenprobe entnehmen (→ Extratipp Seite 95) und in einem dafür zuständigen Labor eine Bodenanalyse machen lassen. Mit dem Ergebnis erhalten Sie in der Regel gleich die spezifischen Düngeempfehlungen dazu.

155. Pflanzloch: Wie groß muss ich das Pflanzloch für eine Rose ausheben?

In guter humoser Gartenerde genügt für Ihre Rose eine Pflanzgrube von etwa 40 x 40 x 40 cm. Es empfiehlt sich in jedem Fall, den Aushub zu rund einem Drittel mit Kompost zu versetzen.

Auf sehr sandigen oder sehr schweren Böden lohnt sich die Mühe, das Pflanzloch mindestens 70 x 70 x 70 cm auszuheben und die Erde mit entsprechenden Mitteln zu verbessern (→ Seite 95).
An Standorten mit verdichteten Bodenschichten im Untergrund – wie es häufig auf Neubaugrundstücken der Fall ist – muss auf jeden Fall die »Sperrschicht« durchbrochen und gelockert werden.

156. Pflanzschnitt: Ich habe gehört, dass Rosen vor dem Pflanzen einen Schnitt brauchen. Stimmt das, und wie geht das?

Einen Pflanzschnitt benötigen nur wurzelnackte Rosen. Beim Pflanzschnitt kürzt man alle oberirdischen Triebe auf 20–30 cm ein. Geknickte oder sonst wie verletzte Wurzeln werden oberhalb der Schadstelle im gesunden Holz abgeschnitten. Alle anderen Wurzeln schneidet man wie die Triebe auf 20–25 cm Länge zurück.

157. Pflanztiefe: Rosen sind Tiefwurzler. Wie tief muss man sie beim Pflanzen setzen?

Die Tatsache, dass Rosen Tiefwurzler sind, wirkt sich nicht auf die Pflanztiefe, sondern nur auf die Vorbereitung des Pflanzlochs aus. Die Pflanze sollte mindestens bis zu einem Meter gut durchwurzelbare Erde vorfinden. Auf guten Böden arbeitet sich die

Beim Pflanzschnitt werden Wurzeln und Triebe mit der Gartenschere auf ca. 20–30 cm Länge zurückgeschnitten.

Rose von selbst bis in diese Schichten vor. Auf problematischen Standorten müssen Sie mit einem entsprechend großen Pflanzloch und Bodenverbesserung (→ Seite 95, 120, 121) gute Grundlagen schaffen.

Die Pflanztiefe der Jungpflanzen orientiert sich allein an der Veredlungsstelle.

➤ **Veredelte Rosen:** Fast alle Rosen, die im Handel erhältlich sind, sind heute veredelt. Um die empfindliche Veredlungsstelle vor Frost und Verletzungen zu schützen, sollte sie stets 5 cm unter der Bodenoberfläche zu liegen kommen. Diese Maßnahme beugt auch der übermäßigen Bildung von Wildtrieben vor. D. h., egal ob stattliche Strauch- oder Kletterrose, breitwüchsige Flächenrose oder zierliche Beetrose, die Jungpflanzen kommen immer gleich tief in die Erde. Ausnahmen bilden nur:

➤ **Hochstammrosen:** Hochstammrosen tragen die Veredlungsstelle in der Krone. Sie werden so tief gesetzt, wie sie zuvor in der Baumschule standen (→ Seite 111).

➤ **Wurzelechte Rosen:** Diese Pflanzen sind nicht veredelt, sondern stehen auf eigener Wurzel. Bei Flächen- und Bodendeckerrosen ist dies häufig üblich, ebenso bei Topf- oder Heckenrosen. Man pflanzt sie so, wie sie zuvor in der Baumschule standen. Sie erkennen das am Farbunterschied der Rinde am Wurzelhals.

➤ **Containerrosen und wurzelballierte Rosen:** Diese Verkaufsformen haben bereits einen Erdballen, der die Veredlungsstelle in korrekter Pflanztiefe umschließt. Setzen Sie sie so ein, dass der Ballen mit der Bodenoberfläche abschließt.

158. Pflanzware: Rosen werden im Handel in verschiedenen Verkaufsformen angeboten. Welche ist die beste?

Solange die Qualität (→ Seite 118) stimmt, können Sie getrost auf jedes Angebot zurückgreifen. Jede Angebotsform hat ihre Vor- und Nachteile:

➤ **Wurzelnackte Ware:** Wurzelnackte Rosen sind in der Regel die preisgünstigste Variante. Die Pflanzen werden ohne Erdballen, eben mit »nackten« Wurzeln verkauft. Auch die Triebe tragen kein Laub, denn die Pflanze befindet sich in der Winterruhe. In diesem Zustand können sie jedoch nur während der Hauptpflanzzeit von November bis März/April angeboten

1

WURZELNACKTE ROSEN
Bei wurzelnackten Rosen sollten die Wurzeln fest, unbeschädigt und nicht schwarz sein, die Triebe frischgrün und fest.

2

ROSEN IN FOLIENBEUTELN
Achten Sie darauf, dass die Triebe frischgrün sind, aber noch nicht austreiben und die Wurzeln unbeschädigt sind.

3

BALLIERTE ROSEN
Die praktische Verkaufsverpackung ist verrottbar und/oder durchwurzelbar und kann mitgepflanzt werden.

4

CONTAINERROSEN
Der Wurzelballen sollte gut durchwurzelt und in sich stabil sein, die sichtbaren Wurzeln nicht dunkel oder weich.

und gepflanzt werden, denn die ungeschützten Wurzeln trocknen schnell aus.

➤ **Containerware:** Hier stehen die Rosen in größeren Kunststofftöpfen und besitzen einen durchwurzelten Erdballen. Das macht von den üblichen Pflanzzeiten unabhängig. Sie können rund ums Jahr gekauft und eingesetzt werden, auch im blühenden Zustand. Diese aufwändigere Kulturform schlägt sich allerdings auch in einem höheren Preis nieder.

➤ **Wurzelballierte Ware:** Immer häufiger findet man im Fachhandel Rosen-Jungpflanzen in praktischen Verkaufsverpackungen, die ein Mittelding aus Wurzelnackten und Containerpflanzen darstellen. Die Triebe sind ebenfalls unbelaubt und häufig mit einer schützenden Wachsschicht überzogen(→ Bild Seite 128). Die Wurzeln stecken in kleinen, meist verrottbaren Töpfen aus Torf, Pappe oder ähnlichem Material, die später einfach mitgepflanzt werden. Eingefüllte feuchte Erde schützt die Wurzeln vor Austrocknung, und sie können bereits im Topf erste Saugwurzeln bilden. Ein Pflanzschnitt erübrigt sich. So können die Rosen nach dem Einsetzen ohne Unterbrechung weiterwachsen, was die Pflanzzeit gegenüber wurzelnackten Rosen bis in den Mai hinein verlängert.

159. Pflanzzeit: Pflanze ich Rosen besser im Frühjahr oder im Herbst?

Im Allgemeinen gilt die Herbstpflanzung (Oktober/November) als optimaler Zeitpunkt. Die Pflanzen haben dann noch ausreichend Zeit, in relativ warmem Boden Wurzeln zu bilden, um dann zu Saisonbeginn mit dem Austrieb durchzustarten. Solange der Boden frostfrei bleibt, können Sie aber auch noch bis in den Dezember hinein pflanzen.

Haben Sie die Pflanzung vor dem Frost verpasst, dann pflanzen Sie im Frühjahr (März/April).

Wenn Sie auf sehr schweren Böden gärtnern, die sich nur langsam erwärmen, oder in einer frostigen Lage wohnen, dann sollten Sie generell die Frühjahrspflanzung bevorzugen. Wurzelballierte Rosen können noch im Mai, Containerrosen – abgesehen von gefrorenen Böden – rund ums Jahr gepflanzt werden.

160. Plastikverpackung: Manchmal findet man in Supermärkten Rosenpflanzen in Plastiktüten. Schadet das den Pflanzen nicht?

Wurzelnackte Rosen werden tatsächlich mitunter in Folienbeuteln gehandelt, die manchmal zusätzlich mit etwas Erde befüllt sind. Die Folie schützt zwar vorübergehend vor Austrocknung, allerdings kommt es darin zu starken Temperaturschwankungen, was zum vorzeitigen Austrieb oder auch zu Schimmelbildung führen kann. Wurden die Rosen nur kurzzeitig so gelagert, kann man sie ohne Weiteres kaufen. Prüfen Sie die Ware jedoch ganz genau! Haben die Knospen bereits ausgetrieben, sollten Sie besser die Finger davon lassen.

EXTRATIPP

Den pH-Wert selbst messen
Wer den pH-Wert seiner Gartenerde nicht kennt, kann ihn ganz einfach selbst ermitteln. Im Fachhandel gibt es pH-Sets zu kaufen. Man füllt eine Bodenprobe mit Wasser auf und taucht ein Indikatorstäbchen oder Lackmuspapier hinein, das sich daraufhin verfärbt. An Hand des angezeigten Farbtons lässt sich der pH-Wert dann leicht ablesen.

161. pH-Wert: Was versteht man unter dem pH-Wert des Bodens, und welche Rolle spielt er für die Rosenkultur?

Der pH-Wert ist das Maß für den Säuregrad des Bodens. Er bewegt sich zwischen den Zahlen 1 und 14. Niedrige Werte (1–7) stehen für saure Bö-

den, hohe Werte (7–14) für alkalische. Der pH-Wert des Bodens wirkt sich auf die Nährstoffverfügbarkeit für die Pflanzen aus, die darauf wachsen.
Rosen bevorzugen neutrale bis leicht saure Böden mit pH-Werten zwischen 6 und 7.

162. Qualität: Worauf sollte ich beim Kauf von Rosen besonders achten?

➤ Die Wurzeln sollten kräftig und unbeschädigt sein. Nur ein gesundes, starkes Wurzelwerk garantiert gutes Einwachsen und eine flotte Entwicklung.
➤ Die oberirdischen Triebe müssen frisch, grün und prall aussehen. Zeigt die Oberhaut Schrumpfungsrillen in Längsrichtung, lässt dies auf starken Wasserverlust bei der Lagerung schließen.

163. Rosenbogen: Ich möchte Rosen an einen Rosenbogen pflanzen? Wie gehe ich dabei vor?

Verankern Sie zunächst den Rosenbogen fest in der Erde, am besten mit kleinen Fundamenten auf beiden Seiten. Schließlich muss er später dem Winddruck und dem Gewicht der Rose standhalten. Erst wenn diese Erdarbeiten erledigt sind, die Rose(n) einpflanzen. Setzen Sie sie leicht schräg, zum Bogen geneigt ein (→ Pflanzen Seite 111), dann wächst sie gleich in die richtige Richtung. Das erleichtert Ihnen später das Aufbinden der Triebe.

164. Roseneinkauf: Das Angebot an Rosen ist groß und sehr unterschiedlich. Wo kauft man sie am besten ein?

➤ Während der Pflanzzeiten bieten auch Supermärkte und Discounter, im Rahmen kurzfristiger Angebote, Rosen an – häufig zu sehr günstigen Preisen. Das ist grundsätzlich in Ordnung, Sie sollten jedoch die Ware vor dem Kauf genau begutachten (→ Qualität Seite 118). Man weiß bei solchen Angeboten nie, wie lange und unter welchen Bedingungen die Pflanzen transportiert und gelagert wurden. Von beschädigten Pflanzen oder bereits angetriebenen Wurzelnackten sollten Sie auf jeden Fall die Finger lassen. Außerdem ist die Auswahl an Sorten hier natürlich sehr begrenzt.

➤ Lokale Gartencenter, Gärtnereien und Baumschulen bieten in der Regel eine größere Auswahl. Als Zwischenhändler beziehen sie die Pflanzen meistens aus großen Rosenschulen. Man darf im Fachhandel auch voraussetzen, dass Transport, Lagerung und Pflege bis zum Verkauf fachgerecht erfolgten.

➤ Eine Riesenauswahl, auch an weniger gängigen Sorten sowie spezielle Sortimente, etwa Alte Rosen, findet man in Rosen-Spezialbetrieben. Die meisten versenden ihre Ware bundesweit und sogar ins europäische Ausland. Entsprechende Adressen finden Sie im Anhang.

165. Rosenerde: Im Fachhandel gibt es spezielle Rosenerde in Säcken. Was zeichnet sie aus? Ist sie Gartenerde vorzuziehen?

Fertig gemischte Rosenerde besitzt einen hohen Humusgehalt, ausgewählte Tonmineralien, strukturstabilisierende Stoffe und einen auf Rosen abgestimmten Nährstoffgehalt. Sie stellt eine gute Wasser-, Luft- und Nährstoffversorgung zumindest für die ersten Wochen nach der Pflanzung sicher – viele Vorteile, vor allem für die Pflanzung in Topf und Kübel. Pflanzen Sie in den Gartenboden aus, brauchen Sie jedoch nicht unbedingt auf teure Fertigerde zurückgreifen. Auf guten Böden gedeihen Rosen ohnehin. Auf schlechten kann Rosenerde zur Bodenverbesserung verwendet werden. Es gibt jedoch auch günstigere Verbesserungsmaßnahmen (→ Seite 95). Das Gleiche gilt für den Bodenaustausch bei Rosenmüdigkeit.

166. Sandboden: Ich habe einen sehr sandigen Gartenboden. Kann ich hier auch Rosen pflanzen, oder muss ich in meinem Garten auf die Königin der Blumen verzichten?

Grundsätzlich sind sehr sandige Böden keine idealen Rosenstandorte. Sie neigen dazu, schnell auszutrocknen, und können Nährstoffe schlecht speichern. Die anspruchsvolle Rose leidet unter diesen Bedingungen schnell. Sie brauchen jedoch trotzdem nicht auf Rosen zu verzichten:
Heben Sie das Pflanzloch größer aus (mindesten 70 x 70 x 70 cm) und verbessern Sie den Aushub mit Kompost und Bentonit (→ Seite 95).
Wenn Ihnen das zu aufwändig ist, dann stellen Sie doch in Ihrem Garten ganz einfach verschiedene Kübel mit entsprechenden Rosen (→ Seite 68) auf.

167. saurer Boden: Ich habe einen sauren Gartenboden. Wie kann ich ihn verbessern, um Rosen pflanzen zu können?

Leicht saure Böden können Sie durch regelmäßige Kalkgaben aufwerten. Stark saure Böden werden Sie auch durch Kalkgaben nicht dauerhaft in gute Rosenstandorte verwandeln. Ein ausgewogener Kalkgehalt ist die Grundlage jeder Düngung. Er beeinflusst die Verfügbarkeit der anderen Nährstoffe und damit die Bodenfruchtbarkeit und Struktur. Achten Sie immer auf die Dosierungsempfehlungen. Zu viel Kalk kann Eisen im Boden festlegen, so dass dieses Element den Pflanzenwurzeln nicht mehr zur Verfügung steht. Rosen reagieren darauf mit chlorotischen, gelb färbenden Blättern. Der Fachhandel bietet Kalk in unterschiedlichen Formen an: Algenkalk, Branntkalk, Kalkmergel, Kalksteinmehl, Magnesiumkalk oder Muschelkalk. Branntkalk eignet sich jedoch nicht zur Bodenverbesserung, er wirkt zu scharf.

168. schwerer Boden: Kann man auch auf schweren, lehmigen Böden Rosen kultivieren?

Schwere Böden verfügen über einen guten Nährstoffhaushalt und können Wasser gut binden. Beides sind gute Voraussetzungen für die Rosenkultur. Allerdings hapert es in der Regel mit der Durchlüftung dieser Böden. Verbessern Sie die Erde im Pflanzloch (Mindestgröße 70 x 70 x 70 cm) durch Zugabe von grobkörnigem Sand, Kies oder Splitt. Das erhöht die Wasserdurchlässigkeit und sorgt für bessere Durchlüftung. In den oberen 40 cm sollten Sie den Aushub zu gut 30 % mit reifem Kompost vermischen.

169. Sommerblumen: Kann ich meine Rosen im Beet auch mit Sommerblumen kombinieren?

Diese Kombination wird immer wieder heiß diskutiert. Oft heißt es, dass Sommerblüher wegen ihrer leuchtenden, oftmals grellen Farben nicht gut mit

Schmuckkörbchen in Rosa und Weiß sind gute Rosenbegleiter.

den eleganten Rosen harmonieren. Aber das ist einerseits Geschmackssache und andererseits eine Frage der Arten- und Sortenauswahl.

➤ Sommerblumen in Blau und Weiß, wie Jungfer im Grünen (*Nigella damascena*) oder Mehlsalbei (*Salvia farinacea*), weiße Bechermalven (*Lavatera trimestris*) und weiße Schmuckkörbchen (*Cosmos bipinnatus*), stehen allen Rosen gut zu Gesicht.

➤ Auch rosafarbene Begleiter finden sich unter den Einjährigen (Bechermalven, Jungfer im Grünen oder Schmuckkörbchen), die zu allen rosa- und karminroten Rosen passen, wie sie besonders unter den Alten Rosen zu finden sind.

➤ Moderne gelb- und apricotfarbene Rosensorten harmonieren aber auch mit den leuchtkräftigeren Sommerblumen wie Kapuzinerkresse (*Tropaeolum*), Ringelblumen (*Calendula*) oder zierlichen Sorten von Studentenblumen (*Tagetes tenuifolia*).

Von den Ansprüchen her passen Rosen und Sommerblumen ganz gut zueinander: Beide brauchen für eine üppige Entwicklung viel Sonne und reichlich Nährstoffe. Halten Sie trotzdem etwas Abstand ein, damit die Rosenwurzeln durch das Ein- und Auspflanzen der Ein- und Zweijährigen nicht gestört oder gar verletzt werden.

170. sonniger Standort: Es heißt immer, Rosen brauchen einen sonnigen Platz. Wie viele Sonnenstunden machen denn einen sonnigen Standort aus?

Ein sonniger Standort zeichnet sich dadurch aus, dass er wenigstens die Hälfte des hellen Tages direkte Sonneneinstrahlung erhält – also sechs Stunden oder mehr. Wobei die reine Sonnenstundenzahl nicht den guten Rosenstandort ausmacht. Er sollte in jedem Fall licht und hell sein und vor allem keinem Schattenwurf durch Baumkronen ausgesetzt sein.
Halbschattige Plätze an Ost- oder Westseiten von

Gebäuden eignen sich meist ebenfalls für die Rosenkultur. Sie sind manchmal sogar besser geeignet als
reine Südlagen, wenn diese starker, stauender Mittagshitze (→ Seite 103) ausgesetzt sind.

**171. Spalier: Ich möchte an unserer Garagenwand
ein Rosenspalier ziehen. Sie ist nach Süden
ausgerichtet. Ist sie dafür geeignet?**

Vor reinen Südwänden kann es im Sommer zu mit-
täglichen Hitzestaus kommen. Die Steinwand lädt
sich mit Wärme auf und gibt diese noch stundenlang
an die Umgebung ab. Auch die Sonnenstrahlen werden reflektiert, so dass die Rose enormer Lichtinten-
sität, Hitze und Trockenheit ausgesetzt ist. Das ist oft
selbst der Sonnenliebhaberin Rose zu viel des Guten.
Unter diesen Bedingungen vermehrt sich die Rote
Spinne (→ Seite 223) sehr gut und befällt dann gern
die geschwächten Kletterer.
➤ Achten Sie auf alle Fälle auf einen ausreichenden
Abstand des Spaliers zur Wand (mindestens 20 cm,
besser noch 30 cm) – das verbessert die Hinterlüftung
– sowie auf ausreichende Wasserzufuhr.
➤ Wählen Sie robuste Sorten aus, etwa 'Super Doro-
thy', 'Super Excelsa' oder 'Rosarium Uetersen'.

INFO

Tragfähige Rosenspaliere
**Rosen werden alt und ihr Holz im Lauf der Jahre schwer. Die
Spaliere müssen deshalb sehr stabil sein. Holz und Metall eignen sich als Trägermaterial am besten. Holz sollte jedoch kes-
seldruckimprägniert, Metall beschichtet oder ummantelt sein,
beides verlängert die Haltbarkeit.
Verankern Sie die Wandspaliere außerdem an mehreren Punk-
ten fest in der tragenden Wand, auf gar keinen Fall nur an
wärmeisolierenden Außenschichten!**

KLETTERROSEN UND RAMBLER

'BOBBIE JAMES'
Der starkwüchsige, gesunde, einmalblühende Rambler erreicht bis zu 10 m Höhe und erobert sogar Baumkronen. Die zahlreichen kleinen Blüten duften süß.

'FLAMMENTANZ'
Dieser Rambler ist die älteste ADR-Rose. Er blüht einmal in großen Büscheln und wird 300–500 cm hoch. Er eignet sich auch für raue Lagen und Halbschatten.

'KIR ROYAL'
Die ungewöhnliche Farbgebung macht diese ADR-Kletterrose zum Hingucker. Sie remontiert, wird ca. 350 cm hoch und erträgt auch noch halbschattige Standorte.

'MARIA LISA'
Charakteristisch für die dankbare Sorte sind die kleinen Einzelblüten in riesigen Dolden. Der Rambler wird 400 cm hoch. Er blüht einmal, aber überreich.

KLETTERROSEN UND RAMBLER

'NEW DAWN'
Eine der beliebtesten Kletterrosen. Ihre Edelrosenähnlichen, fruchtig duftenden Blüten erscheinen den ganzen Sommer über. Sie wird 200–400 cm hoch.

'ROSARIUM UETERSEN'
Die barocke Pracht dieses Kletterrosen-Klassikers wirkt auch gut als Kaskadenrose. Die Sorte ist öfterblühend, wird 200–300 cm hoch und ist sehr robust.

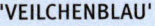

'SUPER EXCELSA'
Dieser öfter- und reichblühende Rambler mit ADR-Prädikat eignet sich sowohl fürs Rankgerüst als auch als Bodendecker. Er wird bis 250 cm hoch.

'VEILCHENBLAU'
Der einmal-, aber sehr reichblühende und duftende Rambler blüht in einem auffällig blauen Farbton. Seine nahezu stachellosen Triebe werden bis 5 m lang.

172. Spalier: Ich habe nicht viel Platz zum Anbringen eines Rosenspaliers an der Wand. Welchen Mindestabstand muss ich einhalten?

Der Abstand zur Wand sollte 10 cm auf gar keinen Fall unterschreiten, sonst können dickere Rosentriebe nicht gut zwischen Rankhilfe und Wand durchgeführt werden und auch anfallende Schnittarbeiten werden erschwert. Wo der Platz vorhanden ist, empfiehlt sich ein Abstand von 20–30 cm. Das ermöglicht eine bessere Durchlüftung des Laubs und baut dem Befall mit Pilzkrankheiten und Schädlingen vor. Vor Südwänden (→ Seite 123) sollte der Abstand zwischen Wand und Spalier mindestens 20 cm betragen.

173. Standort: Wie sieht der optimale Standort für Rosen aus?

Der optimale Standort wird maßgeblich von zwei Faktoren bestimmt: Licht und Boden.
➤ **Licht:** Ein guter Rosenstandort sollte sonnig, hell und luftig sein. Wählen Sie lieber eine leicht windige Lage als eine zu geschützte, etwa vor wärmestauenden Mauern. Wenn das Laub nach Niederschlägen schnell abtrocknen kann, ist es weniger anfällig gegenüber Pilzkrankheiten.
➤ **Boden:** Der Boden sollte nährstoffreich, humos, locker und tiefgründig sein und einen pH-Wert um 6,5 haben. Schlechtere Böden können durch entsprechende Maßnahmen (→ Seite 95) verbessert werden.

174. tiefgründiger Boden: Rosen brauchen einen tiefgründigen Boden. Was heißt das?

Rosen sind Tiefwurzler (→ Seite 41), ihre Wurzeln durchdringen den Boden bis zu 1 m Tiefe. Ein tiefgründiger Boden ist bis zu dieser Tiefe gut durchwurzelbar, d. h., locker, nährstoff-, wasser- und lufthaltig.

Böden, in denen schon in geringer Tiefe Gestein ansteht, sind daher zur Rosenpflanzung völlig ungeeignet. Ebenso schwere und stark verdichtete Böden, die von den Wurzeln nicht oder nur sehr schwer durchdrungen werden können.

175. Verkaufsverpackungen: **Manche Rosenjungpflanzen werden in kleinen Drahtballen oder Papptöpfen angeboten. Welche Vorteile sind damit verbunden?**

In diesen Verkaufsgebinden (→ Bild 3, Seite 115) können die Rosen, im Gegensatz zu wurzelnackter Pflanzware, bereits vor dem Pflanzen erste Saugwurzeln bilden. Die Drahtballen bzw. die Papptöpfe enthalten ja Erde. Da Sie das Drahtgeflecht bzw. die verrottbaren Töpfe mit einpflanzen, bleiben die neuen Wurzeln unbeschädigt und wachsen gut weiter. Dieser kleine Wachstumsvorsprung verlängert die Pflanzzeit bis in den Mai hinein.
Außerdem erübrigt sich der Pflanzschnitt.

176. verpflanzen: **Wir ziehen um, und ich möchte gerne eine mir sehr lieb gewordene Rose ins neue Domizil mitnehmen. Kann ich die eingewachsene Rose in den neuen Garten umpflanzen, oder geht sie mir kaputt?**

Grundsätzlich können Sie auch alteingewachsene Rosen umpflanzen. Sie sollten aber einige Dinge unbedingt beachten:
➤ Holen Sie die Rose nicht während der Sommersaison aus der Erde, sondern warten Sie mit dem Ausgraben bis in den Herbst. Im laublosen Zustand – zwischen Oktober und etwa Ende März – verkraftet der Strauch die Verpflanzung relativ gut.
➤ Versuchen Sie, einen möglichst großen Wurzelballen mit viel Erde drum herum auszuheben.

➤ Idealerweise sollten Sie die Rose nach dem Ausgraben sofort am neuen Standort wieder einpflanzen. Ist das nicht möglich, können Sie sie vorübergehend in einen großen Kübel setzen. Für Strauch- und Kletterrosen sollte er mindestens 50 cm tief sein.

➤ Stutzen Sie die Triebe auf rund ein Drittel ihrer Länge zurück, damit die Rose nach dem Austrieb nicht gleich zu viel Laub ernähren muss. Schließlich hat sie an Wurzelwerk eingebüßt und braucht die Kraft erst für deren Neubildung. Nach dem Einwurzeln wird sie umso dichter wieder nachwachsen.

177. Versand: Besteht bei Rosen, die per Post versendet werden, nicht die Gefahr, dass sie beschädigt ankommen?

Große Rosenschulen, die ihre Ware versenden, verpacken diese so professionell, dass sie unversehrt und unbeschadet beim Kunden ankommt.

Die Verpackungssysteme sind so ausgeklügelt, dass die Pflanzen im Karton nicht verrutschen, wodurch Triebe geknickt werden könnten. Außerdem haben die meisten Rosenprofis ihre Ware für den Transportweg in der Regel noch versichert. (Die Kosten sind im Versandkostenpreis enthalten.)

178. Wachsüberzug: Meine neu gekaufte Rose hat einen Wachsüberzug an den Trieben. Muss ich den nach dem Pflanzen entfernen?

Nein. Dieser Überzug schützt die Rosentriebe einerseits vor dem Austrocknen, andererseits auch vor Transportschäden. Sie werden diese Schutzhülle vor allem an Jungpflanzen finden, die für den Zwischenhandel bestimmt sind und daher mehrfach aus- und eingeräumt sowie transportiert werden müssen. Lassen Sie das Wachs einfach an den Pflanzen. Sobald das Wachstum einsetzt, platzt es von alleine ab. Beim

Entfernen von Hand besteht nur die unnötige Gefahr, dass Sie die jungen Knospen beschädigen.

179. Wandspalier: Ich möchte eine Wand unseres Hauses mit Kletterrosen begrünen. Mir stehen alle vier Hausseiten zur Verfügung. Welche Himmelsrichtung ist die beste?

In Verkaufsgebinden sind Rosentriebe oft mit einer Wachsschicht überzogen, die bei zunehmendem Wachstum dann abplatzt.

Wände mit Südwest- oder Südost-Exponierung sind grundsätzlich erste Wahl. Sie bieten den Rosen ausreichend Sonne, ohne sie jedoch der intensiven Mittagsbestrahlung allzu lange auszusetzen. Stauende Mittagshitze (→ Seite 103) macht Rosen an Südwänden oft anfällig für Krankheiten und Schädlinge. Für Ostwände, die weniger als fünf Stunden Sonne abbekommen, sollten Sie am besten halbschattenverträgliche Sorten auswählen. Spezialisten, wie 'Mme Alfred Carrière', behaupten sich sogar noch ganz gut an Nordwänden.

180. Wärme: Spielt Wärme bei der Entwicklung von Rosen auch eine Rolle, oder geht es nur um die Sonnenbestrahlung?

Sonnenlicht brauchen Pflanzen, um zu assimilieren, d. h., aus körperfremder Energie körpereigene in Form von Kohlenhydraten aufzubauen. Wärme beschleunigt diese Entwicklungsprozesse.
An warmen Standorten treiben Rosen früher aus und blühen auch zeitiger als an kühlen Plätzen. Man ver-

gleiche nur den Blühbeginn in Weinbauregionen mit dem in kühleren Höhenlagen. Auch der Jahresvergleich belegt den Zusammenhang: Warme Frühjahre führen zu früherer Blüte, kalte verzögern die Pracht. Wer also in kühlen Gegenden wohnt, wird die Entwicklung seiner Rose fördern, wenn er ihr ein geschütztes Plätzchen zuweist, etwa in einem Hinterhof oder vor einer Windschutzhecke. Der Grundsatz »viel hilft viel« gilt allerdings keineswegs. Man kann auch zu viel des Guten tun. Wo es im Sommer sehr warm wird, sind allzu geschütze Standorte kontraproduktiv. Hier entstehen vor Mauern oft schädliche Hitzestaus. Das Wärmebedürfnis bzw. die Wärmetoleranz einer Rose sind außerdem sortenabhängig. Manche Sorten, etwa viele Noisette-Rosen, entwickeln sich nur in Weinbauregionen wirklich gut, weil dort ihr hoher Wärmeanspruch erfüllt wird.

181. wässern: Vor dem Pflanzen soll man Rosen wässern, das weiß ich. Aber wie lange und wie tief müssen sie im Wasser stehen?

Wurzelnackte Rosen legt man am besten in eine mit Wasser gefüllte Wanne, und zwar für mindestens zwei bis drei Stunden. Bei Frühjahrspflanzung freuen sie sich auch über ein längeres Wasserbad. Dabei sollten Triebe und Wurzeln untertauchen. Bei Wurzelballierten sowie Contai-

EXTRATIPP

Im Frühjahr länger wässern!

Wenn Sie im Frühjahr Rosen pflanzen, tut ihnen ein ausgedehnteres Wasserbad vor der Pflanzung besonders gut, da sie ja schnell mit dem Austrieb beginnen müssen. Am besten legen Sie sie über Nacht in eine mit Wasser gefüllte Wanne. So können sich Wurzeln und Triebe gut vollsaugen und haben später im Beet eine gute Reserve für den Austrieb.

nerrosen drückt man den Ballen so lange unter die Wasseroberfläche, bis keine Luftblasen mehr aufsteigen und er damit vollständig durchfeuchtet ist.

182. windiger Standort: **Vertragen Rosen auch windige Plätze, oder sollten sie lieber windgeschützt stehen?**

Ein guter Rosenstandort sollte immer gut durchlüftet sein. Luftbewegung sorgt dafür, dass das Laub nach Niederschlägen schnell abtrocknet, und beugt damit dem Befall mit Pilzkrankheiten vor. Eine leicht windige Lage ist daher keine schlechte Voraussetzung für gutes Gedeihen. Windgepeitschte, exponierte Stellen verbieten sich jedoch von selbst. Laub und vor allem die schweren Blüten würden schnell Schaden nehmen. Wie geschützt eine Rose stehen soll, hängt stark vom Klima der Region sowie der gewählten Sorte ab.

183. wurzelballierte Pflanzware: **Was versteht man eigentlich unter »wurzelballierter« Pflanzware?**

Diese Angebotsform (→ Bild 3, Seite 115) hat sich erst seit einigen Jahren durchgesetzt. In diesen Verkaufsverpackungen werden die Rosenjungpflanzen von Oktober bis Mai gehandelt. Die Wurzeln stecken in der Regel in kleinen, mit etwas Erde gefüllten Töpfen aus Pappe oder anderem verrottbarem Material. Mitunter umhüllt sie auch ein Drahtgeflecht, das den kleinen Ballen zusammenhält. Die Rose kann mit Topf oder Drahtgeflecht gepflanzt werden.
Die feuchte Erde schützt die Rosenwurzeln vor dem Austrocknen und erlaubt die Bildung erster Saugwurzeln. Das verlängert die Pflanzzeit bis in den Mai. Der Käufer braucht außerdem keinen Pflanzschnitt mehr durchzuführen. Die Triebe sind oft auch noch durch einen Wachsüberzug (→ Bild Seite 129) geschützt.

184. wurzelnackte Rosen: Was sind wurzelnackte Rosen, und worin besteht ihr Vorteil?

Diese Form der Rosen-Pflanzware (→ Seite 114) hat die längste Tradition und stellt zugleich die preiswerteste Variante dar. Wurzelnackte Rosen bestehen nur aus zwei bis drei kurzen, laublosen Trieben und nackten Wurzeln ohne Erdballen. In dieser Form werden sie nur während der Winterruhe (Oktober bis April) gehandelt, denn die ungeschützten Wurzeln trocknen schnell aus. Sie können daher auch nur im Herbst oder Frühjahr gepflanzt werden.

185. Wurzeln im Container: Ich habe eine Containerrose gekauft. Beim Austopfen fiel mir auf, dass die Wurzeln sehr stark verflochten und teilweise schon braun waren. Kann ich diese Rose noch einpflanzen?

Die Rose stand schon zu lange im gleichen Topf. Es ist höchste Zeit, sie in ein größeres Gefäß oder ins Freiland umzupflanzen.
Wenn der Ballen bereits stark verfilzt und fest ist oder die Wurzeln am Topfboden bereits Drehwuchs aufweisen, müssen Sie den Ballen vor dem erneuten Einsetzen unbedingt etwas aufreißen – am besten mit den Fingern, wenn dies nicht mehr möglich ist, auch mit der Schere. Überlange Wurzeln sollten Sie einkürzen, beschädigte Wurzeln abschneiden.

186. Zwiebelblumen: Kann man Rosen mit Zwiebelblumen kombinieren? Gibt es welche, die sich besonders gut dafür eignen?

Geradezu klassische Rosenbegleiter aus dem Reich der Zwiebel- und Knollenpflanzen sind Lilien. Lilien und Rosen bildeten schon in den klassischen Kloster- und Bauerngärten ein eingespieltes Team. Die weißen

Madonnen-(*Lilium candidum*) und Königslilien
(*L. regale*) stehen allen Rosen gut, auch den einmalblühenden Alten, mit denen sie sich die Blütezeit
teilen. Die zahlreichen Lilien-Hybriden blühen meist
erst später. Sie bilden mit öfterblühenden Modernen
Rosen sehr farbenprächtige Arrangements.

Etwas ungewöhnlich, aber durchaus reizvoll ist die
Vergesellschaftung herbstblühender Dahlien mit lange
blühenden Rosen. Halten Sie hier jedoch Pflanzabstände von mindestens 50 cm ein. Dahlienknollen
sind nicht winterfest und müssen mit den ersten Frösten ausgegraben und überwintert werden. Sie kommen erst im Frühjahr wieder in die Erde. Zu nahes
Pflanzen könnte beim Ein- und Ausgraben die Rosenwurzeln beschädigen.

Das große Heer der Vorfrühlings- und Frühlingsblüher
stellt eine hervorragende Ergänzung im Rosenbeet
dar, weil diese Zwiebelblumen bereits ab Februar für
Farbe sorgen und so die Wartezeit auf die Rosenblüte
verkürzen. Sie werden aber natürlich nie zur gleichen
Zeit zum Blühen kommen.

Lilien passen sowohl optisch als auch »duftend« gut zu Rosen.

Experten-
tipps zur
Rosenpflege

Wie gelingt es, der Königin der
Blumen die Blütenfülle über Jahre
hinweg zu erhalten? Dieses Kapitel gibt Tipps zur Bodenpflege und
Düngung, zu Schnitt und Winterschutz und beschreibt die wichtigsten Vermehrungsmethoden.

187. Absenker: Ich möchte meine Lieblingsrose gerne selbst über Absenker vermehren. Wie mache ich das?

Wählen Sie im Spätherbst oder Frühjahr einen entsprechend langen, ausgereiften Trieb aus (→ Bild 1) und biegen Sie ihn zu Boden. Wo er die Erde berührt, lockern Sie den Boden auf. Entfernen Sie im Spät-

TRIEB AUSWÄHLEN
Lange biegsame und gut ausgereifte Triebe sind geeignete Absenker.

1

ANSCHNEIDEN
Schneiden Sie den runt gebogenen Trieb an de tiefsten Stelle schräg er

2

3

ABSENKER BEFESTIGEN
Stecken Sie den Trieb auf mindestens drei Augen Länge im Boden fest.

4

ABSENKER ABDECKEN
Den Absenker mit Erde bedecken und immer leicht feucht halten.

herbst eventuell noch vorhandene Blätter. Das entlaubte Teilstück sollte mindestens drei Augen haben. Es wird an der tiefsten Stelle der Krümmung leicht angeschnitten (→ Bild 2). Damit die Schnittstelle nicht einfach wieder zuwächst, können Sie ein Streichhölzchen dazwischenklemmen.

Fixieren Sie den Trieb mit Haken oder gekreuzten Stöckchen in etwa 5 cm Tiefe im Boden (→ Bild 3) und bedecken ihn dann mit Gartenerde.

Die Triebspitze muss am Licht bleiben (→ Bild 4) – sie soll sich ja belauben und assimilieren. Halten Sie die Erde um den festgesteckten Trieb den Sommer über gut feucht. Im darauf folgenden Frühjahr ist der Absenker in der Regel ausreichend bewurzelt und kann von der Mutterpflanze abgetrennt und an einen neuen Standort gepflanzt werden. Achtung: Die neue Pflanze ist dann eine wurzelechte Rose (→ Seite 47).

188. alter Trieb: Ich habe gehört, dass man alte Triebe ausschneiden soll, um den Neuaustrieb zu fördern. Woran erkenne ich alte Triebe?

Altes Holz erkennt man leicht an der Rinde. Sie ist in der Regel dunkler, oft bräunlich gefärbt und zeigt leichte Risse. Die Triebe sind meist knorriger und dicker. Jungtriebe weisen dagegen eine glatte, grüne Oberfläche auf. Das gelegentliche Entfernen des ältesten Triebs regt den Strauch dazu an, aus der Veredlungsstelle heraus kräftiges, neues Holz zu treiben, das dann wieder willig und üppig Blüten ansetzt.

189. Anhäufeln als Winterschutz: Muss man jede Rose im Winter anhäufeln? Wann ist der beste Zeitpunkt dafür?

Rosen an sich sind zwar winterhart. Es empfiehlt sich jedoch, die empfindliche Veredlungsstelle, die nur knapp unter der Erdoberfläche liegt, vor strengen

Als Winterschutz häufelt man Gartenerde oder Kompost an die Strauchbasis der Rose.

Minusgraden zu schützen. Da nahezu alle im Handel erhältlichen Rosen veredelt sind, sollten Sie Ihre Rosen grundsätzlich vor dem Winter anhäufeln. Ausnahmen bilden nur wurzelechte Exemplare (→ Seite 47), Wildrosen und Hochstammrosen. Letztere tragen die Veredlungsstelle in der Krone. Sie müssen durch andere Maßnahmen vor strengem Frost geschützt werden (→ Seite 186).

In der Regel genügt es, wenn Sie Ihre Rosensträucher Mitte Dezember mit lockerer Gartenerde oder Kompost anhäufeln. Vorher friert der Boden selten durch. Häufen Sie kleine Hügel von 20–30 cm Höhe um die Rosenbasis herum auf. Wer will, kann noch etwas Fichtenreisig darauflegen. Das schützt vor dem Verwehen des Anhäufelmaterials und schattiert die unteren Knospen der Triebe.

190. auf den Stock setzen: **Eine Nachbarin hat mir geraten, meine alte, etwas blühfaule Rose »auf den Stock zu setzen«. Ich wollte nicht genauer nachfragen, was meint sie damit?**

Bei diesem Verjüngungsschnitt (→ Seite 182) schneidet man alle Triebe kurz über dem Boden ab. Nur die frischgrünen Triebe aus der letzten Saison dürfen stehenbleiben. Diese Maßnahme regt den Strauch zum Neuaustrieb aus der Basis an. Er baut sich danach wieder völlig neu auf.

Der günstigste Zeitpunkt, um eine Rose »auf den Stock zu setzen«, ist das Frühjahr (Ende März/Anfang April) vor dem Laubaustrieb.

191. Auslichtungsschnitt: Ich habe irgendwo gelesen, Wildrosen brauchen nur einen gelegentlichen Auslichtungsschnitt. Was muss ich darunter verstehen?

Unter einem Auslichtungsschnitt versteht man einen moderaten Pflegeschnitt. Er beschränkt sich darauf, krankes und abgestorbenes Holz zu entfernen und zu dicht stehende sowie sich kreuzende und aneinanderreibende Triebe auszulichten. Darüber hinaus schneidet man alle paar Jahre überalterte Zweige heraus, um die Pflanze jung und vital zu erhalten und zur Bildung neuen Blütenholzes anzuregen. Ziel dieser Schnittmaßnahme ist es, Licht und Luft in den Strauch zu bringen, um ihn gesund und blühwillig zu erhalten. Ausgelichtet wird in der Regel im Frühjahr.

192. Aussaat: Wie muss ich vorgehen, wenn ich meine Rosen über Hagebutten selbst vermehren möchte?

➤ Ernten Sie die Hagebutten im Herbst ab. Entfernen Sie das Fruchtfleisch und holen Sie die Samen heraus.
➤ Damit die Samen keimen, müssen Sie sie zunächst einer Kältebehandlung unterziehen. Der Fachmann nennt das »**stratifizieren**«. Geben Sie dazu die Samen zusammen mit etwas Torf oder Kompost in Plastikbeutel. Lagern Sie die Beutel 2–3 Tage bei Zimmertemperatur, dann sechs Wochen im Kühlschrank.
➤ Säen Sie im Frühjahr in Gefäße mit sandiger Erde aus. Die Saat wird etwa ½ cm hoch mit Sand bedeckt und kühl, aber frostfrei gestellt (z. B. in der Garage).
➤ Sobald die Keimblätter erscheinen, brauchen die Sämlinge Licht und Tagestemperaturen um 20 °C.
➤ Wenn das erste richtige Blattpaar erscheint (das kann allerdings einige Monate dauern), werden die Sämlinge in Töpfchen vereinzelt.
➤ Wenn die Töpfchen gut durchwurzelt sind, können Sie die Pflänzchen zur Abhärtung zunächst einmal ins

Freiland stellen und dann an den vorgesehenen Platz im Garten auspflanzen.

Achtung: Über Aussaat vermehrte Rosen sind nicht sortenecht. Sie können sich im Aussehen deutlich von der Mutterpflanze unterscheiden. Außerdem wachsen sie als wurzelechte (→ Seite 47) Rosen heran.

193. **Blütenansatz fördern:** Gibt es Pflegemaßnahmen, mit denen ich einen reichen Blütenansatz bei Rosen fördern kann?

Die Blütenfülle hängt von verschiedenen Faktoren ab:
➤ Sie ist sortenabhängig. Es gibt blühwillige Varietäten und weniger blütenreiche.
➤ Der richtige Standort spielt eine entscheidende Rolle. Für vollen Blütenansatz brauchen Rosen viel Sonnenlicht und eine gute Nährstoffversorgung. Halbschattige oder schattige Plätze führen zu geringerer Blütenproduktion. Die Nährstoffversorgung lässt sich über die Düngung (→ Seite 143) beeinflussen, die Bodeneigenschaften durch entsprechende Zusätze verbessern (→ Seite 95).
➤ Regelmäßiger Schnitt (→ Seite 167 ff.) fördert die Entwicklung von Blütenholz. Vor allem bei öfterblühenden Rosen ist er unverzichtbar.
➤ Sommerschnitt (→ Seite 174) führt bei öfterblühenden Sorten zu einer stärkeren Nachblüte.
➤ Bei Kletterrosen erzielt man einen reicheren Blütenansatz auch durch das Waagerechtbinden einzelner Triebe (→ Seite 175).

194. **Blütenarmut:** Ich habe eine Kletterrose an einem Rosenbogen. Sie wächst zwar gut, blüht aber kaum. Woran kann das liegen?

Überprüfen Sie, ob Ihre Rose ausreichend Sonne bekommt und der Boden Nährstoffe in einem ausgewogenen Verhältnis bietet (→ Bodenanalyse Seite 95).

Eine überreichliche Stickstoffversorgung, bei gleichzeitig geringem Kaliumangebot, kann zu übermäßiger Trieb- und Laubproduktion und gleichzeitiger Blühfaulheit führen.

Bei Kletterrosen ist jedoch die häufigste Ursache für das geschilderte Phänomen die falsche Verteilung der Triebe an der Rankhilfe (→ Seite 175). Triebe, die straff senkrecht nach oben streben, werden von der Pflanze vor allem im Längenwachstum gefördert. Bei den wichtigsten Haupttrieben ist das natürlich auch erwünscht. Achten Sie jedoch immer darauf, einen Teil der Seitentriebe waagerecht zu binden oder spiralförmig um den Bogen zu leiten. Die Verteilung der pflanzeneigenen Hormone im Holz wird dadurch beeinflusst. An waagerecht gestellten Trieben produziert die Pflanze verstärkt Blüten.

195. Blütenknospen schonen: Wie kann ich beim Rosenschnitt dafür sorgen, dass die Blütenknospen für die kommende Saison verschont bleiben?

In erster Linie wirkt sich die Wahl des richtigen Schnittzeitpunkts (→ Seite 173) entscheidend auf die Bildung der Blütenknospen aus.

➤ Alle **einmalblühenden** Rosensorten schneidet man erst im Sommer nach der Blüte, also Ende Juni/Anfang Juli. Würde man sie einem Winterschnitt unterziehen, bedeutete dies tatsächlich einen Verlust von Blütenholz. Denn einmalblühende Rosen bilden am mehrjährigen Holz ihre Blütenspieße.

➤ Anders verhält es sich bei **öfterblühenden** Rosen. Sie sind in der Lage, auch am diesjährigen Holz Blüten anzusetzen. Ziel aller Schnittmaßnahmen ist hier also, die Pflanze zur Bildung möglichst vieler Neutriebe anzuregen, da dies zu größerem Blütenreichtum führt. Öfterblühende schneidet man daher im zeitigen Frühjahr (Ende März/Anfang April) – vor dem Austrieb – kräftig zurück.

Mit einer mehrzinkigen Grabegabel lässt sich der Boden tiefgründig, aber sanft lockern.

196. **Boden lockern:** Kann ich in meinem Rosenbeet hacken, um den Boden aufzulockern?

Mit Hacke oder Grubber sollten Sie tatsächlich nur sehr oberflächlich (höchstens 10 cm tief) im Wurzelbereich der Rosen die Erde lockern. Sie könnten sonst die oberflächennahen Wurzeln verletzen.

Als Tiefwurzler schätzen Rosen jedoch eine tiefgründige Bodenlockerung, die die Sauerstoffversorgung verbessert. Am besten benutzen Sie dazu eine mehrzinkige Grabegabel. Stechen Sie diese alle 15–20 cm in den Boden und bewegen Sie dann den Stiel hin und her. Das genügt, um verfestigte Strukturen sanft aufzubrechen und wieder Luft in den Boden zu bringen, ohne dabei viele Wurzeln zu beschädigen. Der beste Zeitpunkt zur Bodenlockerung liegt im Frühjahr, wenn Sie die Rosen abhäufeln.

197. **Bodenpflege:** Wie sollte ich in den Jahren nach der Pflanzung den Boden pflegen, um Rosen optimale Bedingungen zu bieten?

➤ Sorgen Sie im ersten Jahr nach der Pflanzung dafür, dass die Erde stets feucht bleibt. Schließlich muss die Rose erst ihr Wurzelwerk aufbauen.

➤ Geben Sie in jedem Winter reichlich reifen Kompost auf die Pflanzscheibe. Das düngt einerseits den Boden nachhaltig, zum anderen trägt es zur Bodenverbesserung bei. Der Kompost erhöht den Humusgehalt (→ Seite 99) und beeinflusst Nährstoff-, Wasser-,

Luft- und Wärmehaushalt positiv. Steht Ihnen kein
Kompost zur Verfügung, können Sie den Nährstoff-
entzug der Rosen auch durch langsam fließende Dünger (→ Seite 144) und ein ausgewogenes Düngeprogramm ausgleichen.
Darüber hinaus sollten Sie zu Saisonbeginn den Boden im Wurzelbereich lockern (→ Seite 142).

**198. Düngebeginn: Wann sollte ich nach der
Pflanzung mit dem Düngen meiner Rosen
beginnen?**

Die erste Startdüngung haben Sie Ihren Rosen ja
bereits bei der Pflanzung (→ Seite 108) mitgegeben.
Durch die Zugabe von Kompost oder fertiger Rosenerde – die ja bedarfsgerecht aufgedüngt ist – stehen Ihren Rosen in der Regel für das erste Jahr alle
notwendigen Nährstoffe zur Verfügung.
Ab dem zweiten Standjahr sollten Sie allerdings nach
einem gezielten Düngeprogramm verfahren.

**199. Düngeprogramm: Wie oft sollte ich meine
Rosen während der Saison düngen?**

Vor allem für den Austrieb brauchen Rosen ein ausge-
glichenes Nährstoffangebot. Deshalb sollten Sie im
Winter bzw. Frühjahr eine Grunddüngung mit organischen Düngern oder Langzeitdüngern vornehmen:
➤ **Kompost** und **Hornspäne** können Sie bereits am
Jahresende ausbringen. Verbinden Sie am besten die
Düngung gleich mit dem Winterschutz: Häufeln Sie
im Dezember Ihre Rosen mit Kompost an und vertei-
len Sie die Haufen dann Ende März um die Rosen.
➤ **Langzeitdünger** und **mineralische Dünger** gibt es
erst Ende März/Anfang April zum Austrieb.
➤ Für öfterblühende Rosensorten empfiehlt sich eine
zweite Düngergabe zur Hauptblüte, etwa Ende Juni/
Anfang Juli.

➤ Nach Mitte Juli sollten Sie keinen **Volldünger** mehr ausbringen. Volldünger enthalten alle Stickstoff und würden das Triebwachstum weiter anregen. Das jedoch führt zu nicht ausreichend ausgereiftem Holz im Spätherbst und macht damit die Rosen für Frostschäden (→ Seite 202) empfänglich.

➤ Eine Gabe **Kaliumdünger** im August/September dagegen fördert die Holzreife und damit die Winterfestigkeit der Rosensträucher.

200. Düngerart: Welche Dünger sind besser für Rosen geeignet: mineralische oder organische?

Beide Düngerarten lassen sich nicht in besser oder schlechter klassifizieren. Tatsache ist, dass sie den Pflanzen unterschiedlich schnell zur Verfügung stehen. Je nach Situation muss man daher abwägen, welcher Dünger am besten zum Einsatz kommt.

➤ **Organische Dünger** (→ Seite 163) wie Kompost, Hornspäne oder Mist sind natürlichen Ursprungs und müssen im Boden erst umgesetzt werden. Sie fließen langsamer, was dem tatsächlichen Bedarf der Pflanzen entgegenkommt. Die Gefahr der Nährstoffauswaschung ist gering, was vor allem auf sehr durchlässigen Böden eine wichtige Rolle spielt. Dünger mit hohem organischem Anteil wirken sich außerdem bodenverbessernd aus.

Organischer Dünger hat jedoch den Nachteil, dass er akute Mangelzustände an den Pflanzen nicht so rasch beheben kann, da der Umsetzungsprozess immer eine Weile dauert.

➤ **Mineralische Dünger** (→ Seite 157) werden chemisch hergestellt. Sie sind wasserlöslich und gehen daher schnell ins Bodenwasser über. Dort können sie die Pflanzenwurzeln umgehend und leicht aufnehmen. Was sie jedoch nicht benötigen, bleibt übrig und wird im Boden schnell in tiefere Schichten und schließlich ins Grundwasser ausgewaschen. Besonders auf Sandböden geht dies sehr schnell. Die Nährstoffe gehen dann nicht nur den Rosen verloren, sondern belasten auch noch die Umwelt. Darüber hinaus können die im Mineraldünger enthaltenen Salze bei langfristigem Gebrauch auch das Bodenleben gefährden. Liegen jedoch akute Nährstoff-Mangelsymptome bei den Rosen vor, sind mineralische Dünger gerade wegen ihrer raschen Verfügbarkeit erste Wahl. Achten Sie jedoch stets peinlich genau auf die angegebenen Dosierungsvorschriften!

➤ **Langzeitdünger** (→ Seite 156), auch Depotdünger genannt, sind häufig eine Kombination aus mineralischen und organischen Düngern. Sie ähneln in ihrer Wirkung den organischen Düngern.

201. Erziehung Kletterrosen: Wie bringe ich meine Kletterrose dazu, in die richtige Richtung zu wachsen?

Den entscheidenden Impuls können Sie schon bei der Pflanzung (→ Seite 111) geben: Setzen Sie die Rose schräg zur Rankhilfe geneigt ein, dann entwickelt sie sich von Anfang an in die richtige Richtung.

Darüber hinaus gilt es, kräftige Neutriebe, die aus der Basis heraus treiben, beizeiten aufzubinden. So lange sie noch weich und nicht verholzt sind, können Sie sie

---

EXTRATIPP

Nicht verwechseln!

Fatalerweise halten viele Hobbygärtner die dicken, langen Neutriebe, die Kletterrosen von Zeit zu Zeit aus der Basis heraus bilden, für »Wasserschosse«. Wie bei anderen Gehölzen schneiden sie sie dann oft heraus.

Bei Kletterrosen sind das jedoch genau die Triebe, die dringend gebraucht werden, um die Pflanze immer wieder zu verjüngen. Binden Sie sie auf und entfernen Sie stattdessen hin und wieder einen alten Trieb.

leicht in die richtige Position ziehen. Einige Seitentriebe sollten Sie immer waagerecht binden. Zur weiteren Verteilung der Triebe an der Rankhilfe → Spaliererziehung, Seite 175.

202. gießen: Wie viel oder wie oft sollte ich die Rosen im Garten gießen? Was gibt es dabei zu beachten? **?**

Es gibt eine »goldene Gießregel« für Rosen, die lautet: lieber selten, dann aber reichlich.

Lassen Sie also die Finger von täglichen kleinen »Wasserschlückchen«. Das veranlasst die Rose nur, ihre Wurzeln vor allem in Oberflächennähe zu entfalten – was sie in Trockenperioden nur umso empfindlicher macht. Rosen, die unter Trockenheit leiden, sind weitaus anfälliger für Pilzkrankheiten und Schädlinge.

➤ Als Tiefwurzler (→ Seite 41) gehört die Rose zu den Pflanzen, die sich gut aus eigener Kraft mit Wasser versorgen können. Schließlich erschließt sie mit ihren weit reichenden Wurzeln Bodenschichten, die anderen Pflanzen nicht mehr zur Verfügung stehen. Die meiste Zeit des Jahres erübrigt sich also ein zusätzliches Wässern. Die natürlichen Niederschläge reichen in der Regel aus. Nur während lange anhaltender Trockenperioden sollten Sie gelegentlich gießen (ein- bis zweimal in der Woche). Bringen Sie dann aber mindestens 50 Liter pro Quadratmeter im Wurzelbereich der Rose aus, damit das Wasser auch bis in die tiefen Bodenschichten vordringen kann.

> *Rosen sollten nie mit der Brause über das Laub, sondern immer direkt in den Wurzelbereich hinein gegossen werden.*

➤ Gießen Sie Rosen nie »über Kopf«, also von oben, etwa mit dem Sprenger. Auf diese Weise wird das gesamte Laub befeuchtet, was die Pflanze anfälliger für Pilzkrankheiten macht. Benutzen Sie lieber eine Gießkanne ohne Brauseaufsatz oder den Gartenschlauch und halten Sie den Strahl gezielt in die Strauchbasis (→ Bild links).

Keine Regel ohne Ausnahme:

➤ Alle frisch gepflanzten Rosen sind im ersten Standjahr auf regelmäßige Wassergaben angewiesen, da sie ja erst ausreichend Wurzeln bilden müssen.

➤ Kletterrosen, die im Schlagschatten von Haus- oder Garagenwänden stehen, bekommen meist wenig von den natürlichen Niederschlägen ab. Mitunter werden sie sogar von Dachüberständen beschirmt. Sie sind natürlich auch auf häufigere zusätzliche Wassergaben angewiesen.

➤ Topfrosen (→ Seite 179) haben nur einen beschränkten Wurzelraum und müssen daher ebenfalls öfter gegossen werden.

203. **Gießzeit: Zu welcher Tageszeit gießt man Rosen am besten?**

➤ Gießen Sie am besten in den frühen Morgenstunden. Jetzt ist die Luft noch einigermaßen kühl, und das Wasser hat ausreichend Zeit, in den Boden zu sickern, anstatt an der Luft zu verdunsten und den Pflanzenwurzeln verloren zu gehen, wie das in den heißen Mittagsstunden der Fall ist.

➤ Natürlich kühlen sich die Temperaturen auch in den Abendstunden wieder ab. Allerdings besteht bei abendlichem Gießen die Gefahr, dass mit Gießwasser benetztes Laub über Nacht nicht schnell genug abtrocknet. Die Rosen erkranken dann häufiger an Pilzinfektionen. Auch bei einer gezielten Bewässerung des Wurzelbereichs der Rose lässt sich Spritzwasser – zumindest in bodennahen Regionen – nicht immer ganz vermeiden.

204. Grünstecklinge: Ich habe gehört, man könne einige Rosen auch über Grünstecklinge vermehren. Welche sind das, und wie geht es?

Grundsätzlich können Sie jede Rose über Grünstecklinge vermehren. Tatsächlich war das früher, vor Einführung der Okulation, eine der gebräuchlichsten Vermehrungsmethoden. Es macht jedoch nicht bei jeder Rose Sinn. Vorteilhaft erweist es sich vor allem bei Zwergrosen, Flächen- und Wildrosen, denn die Stecklinge wachsen zu wurzelechten Rosen (→ Seite 47) heran. Für Zwergrosen, die oft in Töpfen und Kästen gehalten werden, ist das günstig, weil der Wurzelballen flacher wächst. Flächen- und Wildrosen sollen oft geschlossene Hecken oder Pflanzendecken bilden und profitieren von einer verstärkten Ausläuferbildung und dem Ausbleiben lästiger Wildtriebe. Edelrosen dagegen machen ohne Unterlage kaum Freude. Es fehlt dann oft an der nötigen Stärke und Robustheit.
➤ Grünstecklinge schneidet man am besten im Juni/Juli. Wählen Sie dazu kräftige, aber noch grüne, nicht verholzte Triebstücke – am besten solche, die Blütenknospen tragen oder gerade abgeblüht sind. Die

1 Schneiden Sie sich aus kräftigen, grünen Trieben ca. 10 cm lange Stecklinge.

2 Stecken Sie den Steckling mindestens zwei Augen tief in Töpfe mit Anzuchterde.

3 Gießen Sie gut ⌐ und decken Sie mit Glas oder Folie als Verdun tungsschutz ab.

Stecklinge sollten etwa 10 cm lang sein und 2–3 Blattansätze haben.

➤ Entfernen Sie die Blütenknospen und alle Blätter bis auf die zwei obersten (→ Bild 1).

➤ Stecken Sie den Steckling in Töpfe oder Kästen, die mit sandiger Erde befüllt wurden (→ Bild 2). Hilfreich kann es sein, die Stiele zuvor in Bewurzelungsmittel zu stippen, das im Fachhandel erhältlich ist.

➤ Gießen Sie den Steckling gut an (→ Bild 3), und decken Sie die Töpfe mit Glas, durchsichtigen Plastikhauben oder Folie ab, um eine hohe Luftfeuchtigkeit zu gewährleisten. Sorgen Sie bei hohen Temperaturen aber auch für eine gelegentliche Durchlüftung.

➤ Die Gefäße hell, aber nicht zu sonnig aufstellen.

➤ Nach etwa 4–8 Wochen haben sich Wurzeln gebildet. Dann setzt man die Pflänzchen in Einzeltöpfe mit nährstoffreicherer Erde um.

➤ Im ersten Winter müssen die kleinen Pflänzchen noch frostfrei gehalten werden, danach können Sie sie in den Garten auspflanzen.

205. hacken: Stimmt es, dass man zwischen Rosen nicht Unkraut hacken darf?

Hacken entfernt nicht nur unerwünschten Unkrautwuchs, sondern stellt die Krümelstruktur der Bodenoberfläche wieder her. Diese wiederum verbessert Luft- und Wasserführung in der Erde. Besonders auf schweren Böden neigt die oberste Bodenschicht dazu, nach langen Niederschlagsperioden und anschließendem Abtrocknen an der Oberfläche zu verkrusten. Auch nach heißen Sommerwochen, in denen häufig mit dem Gartenschlauch gewässert werden musste, verdichten die Böden oft oberflächlich.

Wenn Sie Hacke oder Grubber zur Lockerung des Bodens verwenden, sollten Sie nur höchstens 10 cm tief auflockern, sonst besteht die Gefahr, dass Wurzeln verletzt werden. Eine tiefgründigere Bodenlockerung (→ Seite 142) geht am besten mit der Grabegabel.

BEETROSEN

'APRIKOLA'
Die robuste ADR-Sorte im trendigen Apricot-Farbton gehört zu den Rigo-Rosen von Kordes. Sie wird 60–70 cm hoch.

'BERNSTEIN ROSE'
Romantisch dicht gefüllte Blüten schmücken diese Nostalgierose von Tantau. Sie duftet zart und wird 50–70 cm hoch.

'BLUE PARFUM'
Die auffallende Farbe macht sie zum Hingucker im Beet. Ihr Duft verströmt sich betörend. Ihre Höhe beträgt 60–70 cm.

'CELINA'
Diese ADR-Sorte aus der Reihe »Flower Carpet« von Noack besticht durch üppige Blütenbüschel von Mai bis zum Frost. Sie wird 70 cm hoch.

'HOME & GARDEN'
Diese »Märchenrose« von Kordes öffnet herrlich dicht gefüllte, geviertelte Blüten von romantischem Flair. Sie wird bis 80 cm hoch.

'LEONARDO DA VINCI'
Diese »Romantica«-Sorte harmoniert mit ihren »altmodischen« Blüten gut mit Alten und Englischen Rosen. Sie erreicht 80 cm Höhe.

'LIONS ROSE'
Diese »Märchenrose« stammt aus dem Jahr 2002 und trägt das ADR-Prädikat. Sie besticht mit zarter Farbe und Hitzetauglichkeit. Sie wird 60 cm hoch.

BEETROSEN

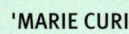

'MARIE CURIE'
Die Sorte öffnet locker gefüllte Blüten im beliebten Kupfergelb bis Goldbraun. Der Strauch erreicht 40–60 cm Höhe.

'PLAY ROSE'
Das Multitalent mit ADR-Prädikat kommt auch mit weniger optimalen Standorten und Halbschatten zurecht. Die Pflanze wird 60–80 cm hoch.

'RICARDA'
Diese lachsfarbene, locker gefüllte Schönheit aus dem Hause Noack trägt das ADR-Prädikat seit 1989. Sie wächst 60–90 cm hoch.

'ROSENPROFESSOR SIEBER'
In dieser ADR-Sorte verbindet sich zarte Blütenpracht mit hoher Widerstandskraft und Robustheit. Sie wird 80 cm hoch.

'SÄNGERHÄUSER JUBILÄUMSROSE'
Diese traumhaft romantische Sorte in der beliebten Farbgebung wird etwa 70 cm hoch. Sie passt gut zu Englischen Rosen.

'SCHÖNE DORTMUNDERIN'
Der Strauch ist hitzeverträglich, frosthart und widerstandsfähig, die Blüten regenfest. ADR-Sorte auch für niedrige Hecken. Sie wird 70 cm hoch.

'SOMMERWIND'
Unmengen an Blüten mit rüscheligen Blütenblättern schmücken diese ADR-Rose. Sie gedeiht auch auf schwierigen Standorten. Sie wird 60 cm hoch.

206. Heckenschere: Kann ich meine Strauchrosen auch mit der Heckenschere schneiden?

Ein derart rüder Umgang mit der Königin der Blumen ist nicht anzuraten. Jeglicher Schnitt sollte knapp oberhalb eines Auges schräg ansetzen. Mit der Heckenschere werden Gehölze auf eine bestimmte Höhe gestutzt und alle Triebe ohne Rücksicht auf ihren Aufbau abgesäbelt. Ganz abgesehen davon, dass der natürliche Wuchscharakter der Rosen so verloren geht, ist die Folge eines solchen Schnitts bei Rosen hässliche Stummelbildung, die man ohnehin mit der Rosenschere von Hand nachbearbeiten müsste. Zudem treten beim Schnitt mit der Heckenschere vermehrt fransige, unsaubere Schnittstellen auf – ideale Eintrittspforten für Pilzerkrankungen. Im Privatgarten lohnt es sich auf alle Fälle, jede Rose individuell nach ihren Bedürfnissen mit der Rosenschere zurückzuschneiden. Die einzige Ausnahme bilden Bodendeckerrosen (→ Seite 168).

In Parkanlagen sieht man zwar oft Gärtner mit der Heckenschere Rosen bearbeiten, allerdings auch hier meist nur Wildrosenhecken, einzelne Wildrosen, einmalblühende Parkrosen oder Alte Rosen. Diese Rosenformen wachsen so dicht verzweigt, dass hässliche Stummel in der Regel vom Laub verdeckt werden und auch die Wuchsrichtung einzelner Knospen sich nicht so stark auf das Gesamterscheinungsbild auswirkt. Dennoch dürften in der Parkpflege vor allem Zeitersparnisgründe eine Rolle spielen – weniger das Wohl der Pflanze.

207. Höhenreduzierung: Beraubt man Strauchrosen nicht ihrer Größe durch den regelmäßigen Schnitt?

Zunächst natürlich schon. Die Triebe werden ja um ein bis zwei Drittel eingekürzt. Allerdings regt der Rückschnitt einen umso stärkeren, kräftigeren Neuaustrieb an, der den Höhenverlust schnell ausgleicht und vor allem eine dichtere Verzweigung bewirkt. Ziel des Rosenschnitts ist ja weniger die Höhenregulierung als die Blütenfülle. Die Endhöhe einer Strauchrose baut sich erst im Laufe der Jahre auf.

Düngen Sie Ihre Rosen noch vor dem Austrieb mit Hornspänen, dann sind die Nährstoffe rechtzeitig verfügbar.

208. Hornspäne: Eignen sich Hornspäne auch als Düngemittel für Rosen? Wenn ja, wann und wie viel muss ich ausbringen?

Hornspäne sind ein erstklassiges organisches Düngemittel (→ Seite 163). Sie liefern den Pflanzenwurzeln hauptsächlich Stickstoff, der für Wachstum und Laubbildung den wichtigsten Nährstoff darstellt. Vor allem zum Austrieb muss er daher in ausreichender Menge angeboten werden. Organische Düngemittel fließen jedoch langsam und müssen im Boden erst umgesetzt werden. Sie brauchen daher eine gewisse Vorlaufzeit. Deshalb bringt man Hornspäne am besten bereits im Winter aus. Man rechnet ca. 100 g pro Quadratmeter.

209. kahle Basis: Meine Kletterrosen am Bogen blühen nur oben, während die Seiten schütter aussehen. Wie kann ich da gegensteuern?

Das A und O für blütenreiche Kletterrosen ist die richtige Verteilung der Triebe an der Rankhilfe, vor allem bei öfterblühenden Rosen. Diese benötigen außerdem einen regelmäßigen Schnitt.

➤ Triebe, die straff aufrecht wachsen, stecken ihre Kraft ins Längenwachstum. Waagerecht oder im Bogen heruntergebundene Triebe setzen dagegen vermehrt Blütenholz an. Das macht auch Ihre Schilderung deutlich. Sobald Sie die Triebe quer über den Rosenbogen ziehen, treiben sie die schönsten Blüten, auch die, die sich an der Basis als blühfaul erweisen. Aus diesem Grunde zieht man Rosen am Wandspalier auch fächerförmig. So legen sie in der Mitte an Höhe zu und schmücken sich dennoch in den unteren Bereichen mit Blüten. Am Rosenbogen ist diese Verteilung natürlich schwieriger herzustellen, da weniger Platz zur Verfügung steht. Versuchen Sie wenigstens einige Zweige herunterzubinden oder spiralförmig um die Pfosten zu leiten. Diese Maßnahme beugt der Verkahlung der Basisbereiche vor. Der Grund dafür sind Pflanzenhormone, die Längenwachstum und Blütenbildung steuern und deren Verteilung und Konzentration sich je nach Triebstellung verändern.
➤ Auch ein »Stufenschnitt« sorgt für Blüten im unteren Bereich. Bei öfterblühenden Rosen kürzt man außerdem im Winter und nach der Blüte die Seitentriebe auf 3–5 Augen ein.

210. Kletterhilfe in Bäume: Wie bringe ich eine Ramblerrose dazu, in einen Baum zu wachsen, und welche Bäume eignen sich dafür?

Für das Erklimmen hoher Baumkronen kommen nur starkwüchsige Rambler infrage (→ Seite 55).
➤ Pflanzen Sie die Rose in etwa 1 m Abstand zum Baumstamm ein. Das Pflanzloch sollte wenigstens 60 x 60 x 60 cm groß sein. Setzen Sie die Rose leicht in Wuchsrichtung geneigt ein.
➤ Bei Baumarten mit dichtem Wurzelfilz erleichtert eine Wurzelsperre die Anwachsphase. Die billigste Variante ist ein Plastikeimer. Entfernen Sie den Boden und schneiden Sie den Eimer der Länge nach auf. Stecken Sie den aufgeschnittenen Eimer dann am Rande

des Pflanzlochs halbkreisförmig zwischen Baumstamm und Rose in den Boden.

➤ Um den Stamm und die untersten Äste der Baumkrone zu erreichen, braucht der Rambler eine Rankhilfe. Ideal ist eine alte Leiter, um deren Sprossen Sie die Langtriebe nach oben leiten können. Aber auch stabile Schnüre, Holz- oder Metallstäbe erfüllen diesen Zweck. Achten Sie bei der Befestigung der Kletterhilfe darauf, die Baumrinde nicht zu verletzen oder einzuschnüren. Hat der Rambler die ersten Äste des Baumes erreicht, hangelt er sich über seine Dornen und dichte Verzweigung von alleine weiter nach oben.

➤ Für diese märchenhafte Gestaltungsidee eignen sich vor allem Baumarten, die lichte, sonnendurchflutete Kronen bilden, wie alte Obstbäume, Robinien oder alte Kiefern. Dicht belaubte Bäume, z. B. Linden, beschatten ihr Kroneninneres zu stark. Der Rambler erhält dann zu wenig Licht zum Assimilieren. Die Bäume müssen in jedem Fall ein stabiles Astgerüst haben, damit sie das Gewicht des Ramblers auch tragen können. Sie brauchen also einige Jahre Wachstumsvorsprung.

Bis zum untersten Ast brauchen Rambler eine Aufstiegshilfe.

211. Kompost: Wie muss unser Komposthaufen bestückt werden, damit sich der Kompost auch als Rosendünger eignet?

Ein ausgewogenes Verhältnis aus Garten- und rohen Küchenabfällen ergibt die beste Mischung. Gekochte Speisereste, Eierschalen und Kleintierstreu gehören nicht auf den Kompost. Mischen Sie weiches und feuchtes Material (rohe Küchenabfälle, frisches Laub, Rasenschnitt, Staudenschnitt) mit trockenem Strukturmaterial (klein geschnittene Äste und Zweige, Heckenschnitt, trockenes Laub, Stroh, Sägespäne). Bringen Sie nur gut ausgereiften Kompost auf die Beete, der frei von Fäulnis oder Gärungsprozessen ist. Reifer, guter Kompost ist braun und krümelig und duftet nach Erde.
Wichtig: Wenn Sie Ihren Kompost für die Rosenkultur verwenden, sollten Sie keine Rosen-Schnittabfälle oder gar abgefallene kranke Blätter auf den Kompost werfen. Pilzsporen z. B. überleben die Umsetzungsprozesse im Komposthaufen oft und können nach ihrer Ausbringung als erneute Infektionsquelle fungieren.

212. Langzeitdünger: Was versteht man unter Langzeitdüngern? Kann ich sie auch in der Rosenkultur einsetzen?

Langzeitdünger, auch Depotdünger genannt, sind Düngemittel, deren Nährstoffe mit einem »Mantel« umhüllt sind, der meist aus halbdurchlässigem Kunstharz besteht. Dieser Mantel sorgt dafür, dass Nährstoffe erst nach und nach freigesetzt werden und den Pflanzenwurzeln damit nachhaltig zur Verfügung stehen. Damit gleichen Langzeitdünger in ihrer Verfügbarkeit eher organischen Düngemitteln, obwohl sie meist aus mineralischen oder einer organisch-mineralischen Mischung bestehen. Die Gefahr der Auswaschung ist gering, sie stehen den Pflanzen lange zur Verfügung. Da die Freisetzung der Nährstoffe temperaturabhängig ist, also bei hohen Temperaturen mehr in den Boden gelangt als bei niedrigen, passen sie sich dem Wachstumsrhythmus der Rosen ideal an. Die Gefahr einer Überdüngung, bzw. einer Unterversorgung mit Nährstoffen ist gering.

Je nach Präparat und Witterungsverlauf hält die Wirkung eines Depotdüngers 4–9 Monate lang an.

213. mineralischer Dünger: **Was versteht man unter einem mineralischen Dünger, und wann setzt man ihn bei Rosen ein?**

Mineraldünger sind chemisch hergestellte Substanzen, die sich im Bodenwasser schnell lösen und damit den Pflanzenwurzeln sofort zur Verfügung stehen. Aufgrund dieser schnellen Verfügbarkeit kann es jedoch leicht zu temporärer Überdüngung kommen. Die überschüssigen Nährstoffe werden nicht im Boden gespeichert, sondern relativ rasch in tiefere Schichten und schließlich ins Grundwasser ausgewaschen, ohne den Pflanzen zugutezukommen. Ihre Salze wirken sich überdies bei langfristigem Einsatz negativ auf das Bodenleben aus. Konkurrenzlos ist ihr Einsatz allerdings, wenn die Rosen bereits Mangelerscheinungen zeigen und rasche Hilfe geboten ist. Dann sind sie allen anderen, langsamer fließenden Düngemitteln auf alle Fälle vorzuziehen.

INFO

Phosphate
Durch jahrelange Düngung sind die meisten Gartenböden in unseren Breiten reichlich mit Phosphaten versorgt, bzw. sogar überdüngt.
Phosphate werden im Boden gut festgehalten. Es muss daher nicht immer mit Volldünger gedüngt werden, deren Hauptbestandteile Stickstoff, Kalium und Phosphate sind.
Eine Bodenanalyse gibt Ihnen genaue Auskunft.

Das Mulchen von Rosenbeeten hat zahlreiche Vorteile, birgt aber auch Risiken.

214. mulchen: Eine Nachbarin hat mir geraten, meine Rosenbeete zu mulchen. Ist diese Maßnahme wirklich empfehlenswert?

Tatsächlich wird diese Frage auch in der Fachwelt kontrovers diskutiert. Unstrittig ist, dass das Abdecken der Beetoberfläche mit organischen Materialien, wie Rindenmulch, Roh-Kompost, Rasenschnitt, Stroh oder Sägespänen, einige Vorteile mit sich bringt:

➤ Es spart Wasser und Gießaufwand, weil die Abdeckschicht die Verdunstung des Bodens reduziert.

➤ Gleichzeitig schützt sie ihn bei hohen Niederschlägen vor Verschlämmung und Verkrustung.

➤ Außerdem regt sie das Bodenleben an, das sich ja von organischem Material ernährt.

➤ Zudem unterdrückt die Mulchschicht das Auflaufen von Unkräutern – vorausgesetzt, alle Unkräuter wurden vorher akribisch entfernt, ansonsten wird deren Wachstum durch die wärmende Mulchschicht eher gefördert.

Es gibt jedoch auch ernst zu nehmende Argumente, die gegen das Mulchen sprechen:

➤ Das Ausbringen organischer Substanzen beeinflusst stets den Nährstoffhaushalt des Bodens. Vor allem Stickstoff wird durch die stattfindenden Umsetzungsprozesse zunächst stark gebunden, so dass er den Pflanzenwurzeln nicht in vollem Umfang zur Verfügung steht. Vor dem Mulchen ist deshalb unbedingt ein Stickstoffdünger auszubringen. In welchem Umfang diese Stickstoffbindung eintritt, hängt vom verwendeten Material, dem Boden und der Witterung ab.

➤ Einige Materialien, z. B. das Häckselgut von Gehölzen, sondern sogar toxische Stoffe ab. Es darf auf keinen Fall die Rosentriebe berühren.

➤ Zu hohe Mulchschichten (maximal 4–5 cm hoch mulchen) können als »Wärmedecke« Wühlmäuse anlocken und beherbergen.

➤ Nach langen Trockenperioden werden die ersten Niederschläge zunächst von der Mulchschicht aufgesaugt und dringen kaum in den Boden vor. Beim Gießen sollten Sie diesen Umstand unbedingt berücksichtigen.

➤ Düngergaben dürfen nie auf die Mulchschicht gegeben werden. Entweder sie lassen den Boden im Wurzelbereich der Rose zum Gießen und Düngen frei, oder Sie entfernen hier die Mulchschicht vor dem Düngen und verteilen sie anschließend wieder.

➤ Zudem machen rein optische Aspekte den Einsatz von Sägespänen oder Rasenschnitt im Rosenbeet überdenkenswert.

Alles in allem erfordert die grundsätzlich sinnvolle Maßnahme des Mulchens sehr viel detaillierte Fachkenntnisse und sollte deshalb auch Fachleuten überlassen werden. Für den Hobbygärtner überwiegen die Risiken den Nutzen.

215. Nachblüte fördern: **Kann ich die Blüte meiner öfterblühenden Rosen im Spätsommer und Herbst durch Düngen verbessern?**

Ja, das können Sie. Öfterblühenden Rosen tut eine zweite Düngung zur oder kurz nach der Hauptblüte – etwa Ende Juni/Anfang Juli – gut. Die erste Blüte, die ja in aller Regel sehr üppig ausfällt, hat die Rose viel Kraft gekostet. Jetzt braucht sie neue Energie für den Durchtrieb und um an den jungen Trieben neue Knospen ansetzen zu können.

Allerdings sollten Sie nach Mitte Juli nicht mehr düngen. Alle stickstoffhaltigen Mittel sind nach diesem Zeitpunkt tabu (→ Seite 143).

216. Nachlassen der Blüte: Meine Rose hat in den vergangenen Jahren sehr viel und schön geblüht, jetzt allerdings setzt sie kaum mehr Blüten an. Woran liegt das?

Auf die Blühfreudigkeit der Rosen können verschiedene Faktoren Einfluss haben:

➤ **Schneiden:** Handelt es sich um eine öfterblühende Rose, so ist ein regelmäßiger Schnitt die wichtigste Voraussetzung für einen reichen Blütenansatz. Ein Rückschnitt (→ Seite 167 ff.) regt die Bildung vieler Neutriebe an, die dann noch im selben Jahr Blüten ansetzen. Bleibt dieser Impuls aus, werden die vorhandenen letztjährigen Triebe weniger Jungholz bilden und damit auch schwächer blühen.

Außerdem brauchen alle Rosen, auch einmalblühende, eine gelegentliche Verjüngung. Alle 2–4 Jahre, je nach Rose, sollten Sie den ältesten Trieb herausschneiden. Das veranlasst die Rose in der Regel dazu, neue Leittriebe aus der Basis heraus nachzutreiben, die blühwilliger sind als das vergreiste Holz. Ist das über viele Jahre hinweg nicht geschehen, kann auch ein Verjüngungsschnitt (→ Seite 182) fällig werden.

➤ **Düngen:** Wenn Ihre Rose in den vergangenen Jahren zahlreiche Blüten trug und jetzt nachlässt, könnte auch eine Veränderung des Nährstoffangebots eine Rolle spielen. Achten Sie also auf eine ausgewogene Grunddüngung zum Saisonstart (→ Seite 143). Öfterblühende Rosen sind außerdem für eine Nachdüngung direkt nach der Hauptblüte dankbar.

➤ **Bodenanalyse machen lassen:** Darüber hinaus sollten Sie alle paar Jahre in einem anerkannten Institut (→ Adressen Seite 254) eine Bodenanalyse (→ Seite 95) machen lassen. Mit ihr erhalten Sie einen genauen Aufschluss über die Konzentration und Zusammensetzung der wichtigsten Pflanzennährstoffe in Ihrer Gartenerde. Individuelle Düngeempfehlungen (bei der Einsendung der Bodenprobe angeben, dass Sie an dieser Stelle Rosen angepflanzt haben) werden bei der Analyse in der Regel gleich mitgeliefert.

217. offener Boden: Ich lese immer wieder, der Boden um Rosen herum sollte offen gehalten werden. Andererseits heißt es aber auch, »Rosen tun Begleitpflanzen gut«. Was ist richtig?

Beides. Der unmittelbare Wurzelbereich, mit einem Radius von etwa 25 cm um den Fuß der Rose, sollte immer frei bleiben. So können Sie gezielte Düngemaßnahmen durchführen, gut in den Wurzelbereich gießen und gelegentlich den Boden lockern. Begleitpflanzen untermalen Rosen und verstärken sie mit ihrem Laub und den eigenen Blüten in der gestalterischen Wirkung. Als Rosenkavaliere machen sie der Königin der Blumen den Hof, sie sollten ihr jedoch nicht auf den Füßen stehen – d. h., einen Mindestpflanzabstand müssen Sie einhalten.

Nicht alle Begleitpflanzen haben auch die gleichen Standortansprüche. Der als Hofstaat beliebte Lavendel beispielsweise macht wenig Freude, wenn er das Rosendüngeprogramm mitmachen muss. Genügend Abstand erlaubt eine Differenzierung. Wie groß der genau ausfällt, hängt von den jeweiligen Partnern ab:

➤ **Niedrige Beetrosen** sollte man nicht zu sehr mit starkwüchsigen Beetnachbarn bedrängen. Sie werden sonst vielleicht überwuchert oder durch das ineinanderwachsende Laub, das schnelles Abtrocknen verhindert, anfällig für Pilzkrankheiten. Informieren Sie sich vorher über die zu erwartenden Wuchsbreiten.

➤ **Hohe Strauchrosen** und **Kletterrosen** dagegen geraten nicht so schnell in Konkurrenz. Ihnen steht ein Blütenteppich aus Stauden oft ganz gut, da der Basisbereich der Rosen etwas kahler ausfällt. Zwar sind auch hier die Pflanzabstände einzuhalten, aber wenn die breiten Polster von Frauenmantel oder die langen Triebe von Katzenminze oder Storchschnabel sich über die Zwischenräume legen, schützt das die Erde vor allzu schnellem Austrocknen und reduziert die Verschlämmung durch Niederschläge. Die Rosen profitieren also nicht nur optisch, sondern auch ganz praktisch von ihren Begleitern.

218. Okulation: Ich habe gehört, Rosen werden per Okulation vermehrt. Wie geht das, und kann ich das auch machen?

Für den Privatgebrauch sind andere Vermehrungsmethoden wie Grünstecklinge (→ Seite 148), Steckhölzer (→ Seite 176) oder Absenker (→ Seite 136) einfacher durchzuführen und erfolgversprechender.

EDELAUGE SCHNEIDEN
Schneiden Sie das Auge von oben nach unten mit einem Holzschild ab.
1

UNTERLAGE PUTZEN
Reinigen Sie die Veredlungsstelle am Wurzelhals mit einem Tuch.
2

3
EDELAUGE EINSETZEN
Ritzen Sie die Rinde T-förmig ein und schieben das Edelauge hinein.

4
EDELAUGE FIXIEREN
Verbinden Sie die Veredlungsstelle mit Bast oder Schnellverschluss.

Die Okulation erfordert etwas Paxis und wird vor allem im professionellen Gartenbau angewendet. Ihr Vorteil besteht darin, dass auch bei geringem Einsatz von Edelsortenmaterial sehr schnell hohe Stückzahlen vermehrt werden können.

Ein Edelauge genügt für eine neue Rosenjungpflanze. Dieses wird auf eine vorgezogene Wildlingsunterlage (→ Seite 42) veredelt.

Die beste Zeit für die Okulation ist Juli/August.

➤ Man schneidet ein Auge einer Edelsorte zusammen mit einem kleinen Rindenschild ab (→ Bild 1).

➤ An der Unterlage wird der Wurzelhals (Übergang zwischen Wurzel und Trieben) freigelegt und mit einem sauberen Tuch abgewischt (→ Bild 2).

➤ Dann führt man mit einem sauberen, scharfen Okuliermesser, das man zuvor in kochendes Wasser getaucht hat, einen T-förmigen Schnitt durch die Rindenschicht aus. Die beiden Rindenlappen, rechts und links, leicht vom Holz lösen und das Schild mit dem Edelauge von oben hineinschieben. Was über den T-Strich hinausragt, wird abgeschnitten (→ Bild 3).

➤ Die Veredlungsstelle umwickelt man mit Bast oder mit Gummiband so, dass nur noch das Edelauge herausspitzt. Es wird auf diese Weise fest an die Unterlage gedrückt und das Anwachsen gefördert (→ Bild 4).

➤ Nach dem Austrieb der Edelsorte werden die oberirdischen Triebe des Wildlings komplett abgeschnitten. Er bildet nur noch die Wurzel der neuen Pflanze. Die oberirdischen Triebe werden dann von der Edelsorte gestellt.

219. organischer Dünger: Was ist organischer Dünger? In welcher Form eignet er sich zum Düngen von Rosen?

Organische Dünger werden aus natürlichen pflanzlichen oder tierischen Abfallprodukten hergestellt. Traditionsreiche organische Gartendünger sind Kompost und Mist. Im Gartenfachhandel erhalten Sie organische Dünger in Form von Hornspänen, Guano, Knochen- oder Blutmehl.

Alle organischen Dünger – abgesehen von frischem Mist (→ Seite 176) – eignen sich für die Rosenkultur. Sie müssen allerdings im Boden erst durch Mikroorganismen umgesetzt und für die Pflanzen verfügbar gemacht werden. Ihre Nährstoffe fließen daher langsam und stehen den Rosenwurzeln erst nach und nach zur Verfügung. Das schützt die Rosen jedoch vor einem kurzfristigen Überangebot (schädliche Überdosierung) und die Nährstoffe vor Auswaschung.

220. Plastiktüte: **Kann ich die Krone meiner Hochstammrose im Winter mit einer Plastiktüte vor Frostschäden schützen?**

Plastiktüten dürfen Sie auf gar keinen Fall verwenden. Decken Sie Ihre Hochstammrose mit Sackleinen, Vlies oder einem anderen durchlässigen Stoff ab. Ziel ist es, die Rose vor starken Temperaturschwankungen am Holz und einem verfrühten Austrieb zu schützen. Temperaturschwankungen treten vor allem in Perioden sonniger Wintertage und darauf folgender frostiger Nächte auf. Deshalb soll das Kroneninnere beschattet und der Temperaturverlauf möglichst gut ausgeglichen werden. Die luftdichte Verpackung mit einer Plastiktüte jedoch führt an sonnigen Tagen zu einem klassischen Treibhauseffekt und regt die Rose erst recht zum Austrieb an. Außerdem entsteht bei der nächtlichen Abkühlung Kondenswasser, das bei Frost gefriert und zusätzliche Schäden hervorruft.

221. Präsentierschere: **Was ist eine Präsentierschere? Brauche ich die zum Rosenschnitt?**

Die Präsentierschere, auch Rosengreifschere genannt, wurde hauptsächlich für den Profigärtner entwickelt. Sie schneidet den Trieb zunächst durch und hält ihn dann fest. So kann man einen abgeschnittenen Blütenstiel gut präsentieren. Im Hausgarten können Sie die Präsentierschere beim Schnitt sehr dichter, hoher Sträucher vorteilhaft einsetzen, weil das Schnittgut nicht zu Boden bzw. ins Gesträuch fällt, sondern leicht herausgezogen werden kann – ohne sich zu zerkratzen. Unbedingt notwendig ist sie jedoch für den Hobbygärtner nicht.

Rosenpräsentierscheren schneiden die Blütenstängel ab und halten den abgeschnittenen Stiel gleichzeitig fest.

Zum Rosenschneiden im Hausgarten gibt es andere Scheren (→ Seite 166).

222. Rasensprenger: **Ich habe gelesen, dass man Rosen nicht mit dem Rasensprenger wässern soll. Warum nicht?**

Die Beregnung des Laubs führt dazu, dass die Blätter lange mit Wasser benetzt sind. Die Feuchtigkeit hält sich ja auch noch nach dem Abstellen des Regners für etliche Zeit. Wenn Sie in den Morgenstunden gießen, dann wirken die Wassertropfen bei Sonnenschein wie Brenngläser und können die Blätter schädigen. Wenn Sie abends gießen, dann hält sich die Feuchtigkeit fast die ganze Nacht auf den Blättern. In diesem Kleinklima fühlen sich Pilzsporen besonders wohl, so dass sich Krankheiten wie Sternrußtau (→ Seite 194) oder Mehltau (→ Seite 212) sehr schnell ausbreiten. Gießen Sie am besten mit der Gießkanne direkt in den Wurzelbereich der Rose, ohne Blätter unnötig zu befeuchten.

223. Rosendünger: Der Fachhandel bietet spezielle Rosendünger an. Sollte ich für meine Rosen nur diese verwenden?

Fertig gemixter Rosendünger, wie er in flüssiger oder fester Form im Gartencenter und in anderen Fachgeschäften angeboten wird, enthält alle für die Rosenkultur notwendigen Nährstoffe in einem ausgewogenen Verhältnis. Er erleichtert dem Gärtner die Arbeit. Das heißt aber nicht, dass Rosen nicht mit anderen Düngemitteln ebenso effizient ernährt werden können. Auch Kompost oder andere Volldünger erfüllen ihren Zweck. Eine perfekte, auf den speziellen Bedarf der Rosen eines bestimmten Standorts abgestimmte Düngung erzielen Sie, indem Sie eine Bodenanalyse (→ Seite 95) anfertigen lassen und den entsprechenden Düngeempfehlungen folgen.

224. Rosenschere: Was macht eine gute Rosenschere aus? Worauf sollte ich beim Kauf besonders achten?

Das Wichtigste an einer Rosenschere sind glatte, saubere Schneiden. Im Fachhandel gibt es unterschiedliche Scheren-Typen mit verschiedenen Vorzügen:
➤ **Bypass-Scheren:** Bei diesem Typ schieben sich beim Schneiden zwei Klingen aneinander vorbei, wie bei einer Haushaltsschere. Eine davon hat ein sehr flaches Profil, so dass Sie stets nahe am Ast ansetzen können und keine Stummel hinterlassen. Bypass-Scheren haben in der Regel kurze Griffe. Sie eignen sich daher vor allem für dünnes, junges Holz, wie es beim Rosenschnitt in erster Linie anfällt.
➤ **Amboss-Scheren:** Hier trifft eine scharfe Klinge auf eine gerade Fläche. Beim Schneiden von etwas härterem, älterem Holz tun Sie sich mit diesen Scheren etwas leichter. Dafür ist hier das Risiko, das Holz zu quetschen, größer – was die Rosen dann wieder anfälliger für Krankheitserreger macht.

225. Schnitt: **Muss man Rosen überhaupt schneiden? Wachsen und blühen sie nicht auch ohne Schnitt?**

Natürlich würden Rosen auch ohne menschlichen Eingriff wachsen und zumindest in gewissem Umfang blühen. Es ist jedoch erwiesen, dass ein regelmäßiger Schnitt Wachstum und vor allem Blütenreichtum positiv beeinflusst. Das Schneiden regt die Regenerierung und laufende Verjüngung der Rose an und fördert ihre Vitalität. Wie oft, wann und in welchem Umfang geschnitten wird, hängt zum einen von der Wuchsform (→ Seite 46), zum andern vom Blührhythmus (einmal- oder öfterblühend) der Rose ab.

226. Schnittführung: **Wo und wie muss ich die Schere am Trieb ansetzen, damit der Schnitt optimal verläuft?**

➤ Idealerweise schneidet man immer etwa 0,5 cm oberhalb eines Auges ins Holz (→ Bild unten). Bei starken Trieben kann es auch 1 cm sein.
➤ Führen Sie den Schnitt dabei leicht schräg, dann kann Niederschlagswasser besser ablaufen.
➤ Wichtig beim Schneiden ist ein scharfes Schnittwerkzeug, damit glatte Wundflächen entstehen, die schnell verheilen können. Ausgefranste Schnittflächen sind Eintrittspforten für diverse Krankheitserreger.
➤ Reinigen Sie Ihre Schere nach dem Schnitt kranker Rosen, damit Sie keine eventuellen Keime übertragen.

Jeder Schnitt mit der Schere sollte etwa einen halben Zentimeter oberhalb eines Auges leicht schräg verlaufen.

227. Schnitt von Beet- und Edelrosen: Wie muss ich meine Beet- und Edelrosen schneiden?

Bei dieser Rosengruppe, in der ausnahmslos öfterblühende Sorten zu finden sind, ist der regelmäßige Rückschnitt am wichtigsten. Er fällt auch am schärfsten aus. Zugleich ist er am einfachsten und auch von Anfängern leicht auszuführen:

➤ Schneiden Sie im Frühjahr – wie bei allen Rosen – krankes, abgestorbenes und überaltertes Holz heraus.

➤ Stutzen Sie dann die restlichen Triebe auf etwa 20 cm Höhe zurück. Es sollen 3–5 Augen pro Trieb verbleiben. Schwachwüchsige Sorten kürzt man stärker ein (auf 3 Augen), starkwüchsige weniger stark (4–5 Augen).

➤ Entfernen Sie im Sommer laufend die welkenden Blüten, um die Nachblüte zu fördern.

Generell gilt für alle Rosen: Ein starker Rückschnitt bewirkt starken, ein schwacher Rückschnitt eher einen schwachen Neuaustrieb.

228. Schnitt von Bodendeckerrosen: Rosen als Bodendecker sollen ja geschlossene Pflanzendecken bilden. Brauchen sie dann überhaupt einen Schnitt?

Kommen Flächenrosen (→ Seite 63) tatsächlich als Bodendecker zum Einsatz, müssen sie nicht unbedingt jährlich geschnitten werden. Erst wenn nach ein paar Jahren die Blühleistung nachlässt oder die Form nicht mehr gefällt, greift man im Frühjahr zur Schere. Es genügt in der Regel, sie alle 3–4 Jahre auf 30 cm zurückzustutzen, bei höheren Sorten reduziert man auf die halbe Höhe. Dabei darf man bei diesen robusten Sorten und der flächigen Pflanzung ruhig die Heckenschere verwenden.

Finden Flächenrosen im Beet ihren Einsatz, erfüllen sie eher Beetrosenfunktion und werden daher wie diese auch jährlich entsprechend zurückgeschnitten.

229. Schnitt von Kletterrosen: Welche Triebe muss ich bei meinen Kletterrosen wann und wie schneiden?

Kletterrosen lässt man die ersten 2–3 Jahre nach der Pflanzung am besten ohne Schnitt wachsen. In den folgenden Jahren richtet sich der Schnitt danach, ob es sich um eine einmal- oder um eine öfterblühende Sorte handelt:

➤ **Öfterblühende Sorten** bilden sowohl am diesjährigen frischen Holz als auch am mehrjährigen Blüten. Ziel des Schnitts ist es daher, immer Triebe verschiedenen Alters an der Pflanze zu haben. Führen Sie im Frühjahr einen Auslichtungsschnitt (→ Seite 139) durch. Entfernen Sie dabei alle 2–3 Jahre den ältesten Leittrieb an der Basis, oder stutzen Sie ihn auf einen kräftigen Nebentrieb im unteren Bereich zurück, der darauf als Leittrieb aufgebunden wird. So wird die Pflanze zum Treiben neuer Leittriebe angeregt und immer wieder verjüngt. Kürzen Sie kräftige Seitentriebe auf 2–4 Augen ein (→ Bild 1). Auch im Sommer

1 Entfernen Sie bei öfterblühenden Sorten alle paar Jahre den ältesten Trieb und kürzen Sie die Seitentriebe ein.

2 Schneiden Sie einmalblühende Kletterrosen nur ganz behutsam, und zwar erst im Sommer direkt nach der Blüte.

nach der Blüte stutzt man abgeblühte Seitenzweige erneut auf 2–4 Augen zurück.

Binden Sie die aus der Basis entspringenden kräftigen, peitschenartigen Neutriebe im Laufe der Saison an der Rankhilfe auf. Sie sind die Träger des Blütenholzes für die kommende Saison.

➤ **Einmalblühende Sorten** entwickeln nur am mehrjährigen Holz Blütenspieße. Im Frühjahr entfernt man bei diesen Sorten daher allenfalls abgestorbenes Holz. Der eigentliche Schnitt erfolgt im Sommer nach der Blüte. Sofern nötig, wird dann behutsam ausgelichtet (→ Bild 2, Seite 169) und alle paar Jahre ein überalterter, vertikaler Trieb bodennah herausgenommen. Abgeblühte Seitentriebe kürzt man auf 2–4 Augen ein. Starkwüchsige Rambler, die in Bäume wachsen, können Sie mehrere Jahre sich selbst überlassen. Werden sie zu üppig, nimmt man auch hier nach der Blüte einzelne Triebe heraus, oder man schneidet sie im Frühjahr vor dem Austrieb komplett ab und lässt die Pflanze völlig neu durchtreiben. Der Fachmann nennt das »auf den Stock setzen« (→ Seite 138).

230. Schnitt von Stammrosen: Brauchen auch Rosenstämmchen einen regelmäßigen Schnitt, und wie geht er?

Der Schnitt von Stammrosen hängt von der aufveredelten Sorte ab. Meist handelt es sich um Beet- oder Edelrosensorten. In diesem Falle werden die Triebe der Krone im Frühjahr auf 2–4 Augen zurückgestutzt. Abgestorbene, überalterte, dünne und ins Innere wachsende Zweige entfernt man ganz. Nach der Blüte schneidet man erneut jeden abgeblühten Trieb auf etwa 2–4 verbleibende Blätter zurück. Das regt den Austrieb neuen Holzes an, das nach etwa sechs Wochen wiederum Blüten trägt.

➤ **Kaskadenrosen** (→ Seite 66) bestehen in der Regel aus Kletterrosen-Sorten. Sie werden nur behutsam ausgelichtet. Nehmen Sie alle paar Jahre einen überalter-

ten Trieb heraus, bei öfterblühenden Sorten im Frühjahr, bei einmalblühenden nach der Blüte im Sommer.
Kaskadenrosen, die aus überhängenden Flächenrosen-
Sorten bestehen, braucht man auch nur auszulichten.
Sind Sie mit der Blühleistung nicht mehr zufrieden,
können Sie sie auch um die Hälfte zurückschneiden
und die Krone so neu aufbauen.

231. **Schnitt von Strauchrosen:** Worauf ist beim
Schnitt von Strauchrosen zu achten? Wann hat
er zu erfolgen?

Ähnlich wie bei den Kletterrosen unterscheidet sich
der Schnitt von Strauchrosen je nachdem, ob es sich
um einmal- oder um öfterblühende Sorten handelt.
➤ **Einmalblühende Strauchrosen** bilden Blüten am
mehrjährigen Holz. Dort entstehen jeweils in der Fol-
gesaison Seitentriebe, die Blüten tragen. Würde man
sie im Frühjahr vor dem Austrieb schneiden, beraubte
man sie eines Großteils ihrer sommerlichen Pracht.

1 *Schneiden Sie bei einmalblühenden Strauchrosen
im Frühjahr kranke Triebe
aus. Formkorrekturen er-
folgen nach der Blüte.*

2 *Schneiden Sie bei öfterblühenden Strauchrosen
im Winter schwache Trie-
be stärker, kräftige Triebe
weniger stark zurück.*

Wildrosen schneidet man in der Regel gar nicht, um sie nicht in ihrem natürlichen Wuchscharakter zu stören. Allenfalls führt man einen leichten Auslichtungsschnitt (→ Seite 139) durch. Einmalblühende Alte Rosen und einmalblühende Zierstrauchrosen lässt man im Frühjahr vor dem Austrieb möglichst unangetastet. Erst nach der Blüte nimmt man Formkorrekturen vor. Störende, überlange Triebe kürzt man ein und, sofern nötig, lichtet man zu dicht stehende behutsam aus oder stutzt bei gering verzweigten die Seitentriebe auf 2–4 Blätter ein. Alle 4–5 Jahre entfernt man einen überalterten Haupttrieb. Verwelkte Blüten brauchen nicht ausgeschnitten zu werden – es sei denn aus optischen Gründen –, eine zweite Blüte ist ohnehin nicht zu erwarten. Vielmehr freut man sich bei fruchttragenden Sorten auf die Hagebutten.

➤ **Öfterblühende Strauchrosen** blühen am diesjährigen und am mehrjährigen Holz. Regelmäßiger Rückschnitt regt den Strauch zur laufenden Neubildung frischen, blühfähigen Holzes an. Im Frühjahr entfernt man zunächst kranke, abgestorbene und sich kreuzende Triebe. Anschließend kürzt man kräftige Haupttriebe um etwa ein Drittel ein. Schwächere Triebe sowie solche im Außenbereich der Pflanze auch um zwei Drittel. So entsteht ein stufenförmiger Aufbau, der das natürliche Erscheinungsbild des Strauches erhält. Alle 2–3 Jahre werden die ältesten Triebe an der Basis entfernt. Wichtig für den hochsommerlichen Blütenreichtum der Öfterblühenden ist außerdem, dass verwelkte Blüten sofort abgeschnitten werden. Der Schnitt sollte oberhalb des nächsten voll

Entfernen Sie bei öfterblühenden Rosen die ganze Saison über laufend die verwelkten Blütenköpfe.

entwickelten Blattes ansetzen (→ Bild), besser noch tiefer. Je kräftiger das oberste verbleibende Auge ist, desto rascher erscheint eine neue Blüte.

232. Schnittwerkzeug: Ich habe einen relativ großen Rosengarten mit den unterschiedlichsten Rosen erworben. Welches Schnittwerkzeug sollte ich mir für die Rosenpflege anschaffen?

➤ Das wichtigste Werkzeug zum Schneiden ist eine gute **Garten- oder Rosenschere** (→ Seite 166). Sie benötigen sie für den Pflanzschnitt und dann beim jährlichen Rosenschnitt, aber auch wenn es darum geht, Blüten für die Vase zu schneiden.

➤ **Astscheren** besitzen längere Griffe und damit eine größere Hebelwirkung. Sie eignen sich besonders für den Schnitt stärkerer Triebe, aber auch für die Pflege von Kletterrosen. Die größere Reichweite erleichtert den Schnitt in den oberen Regionen der Rankhilfen.

➤ **Baumsägen** sind für Rosen meist überdimensioniert. Wenn es allerdings darum geht, alte Strauchrosen oder riesige Rambler »auf den Stock zu setzen«, d. h., knapp über dem Boden komplett abzusägen, leisten sie wertvolle Dienste, da die alten knorrigen Triebe in Bodennähe sehr hart und dick sein können.

➤ **Heckenscheren** haben in der Rosenpflege nichts verloren. Allenfalls bei flächig gepflanzten Bodendeckerrosen (→ Seite 168) kann man sie verwenden.

233. Schnittzeitpunkt: Wann ist der beste Zeitpunkt, Rosen zu schneiden?

Am schonendsten ist der Schnitt in der Vegetationsruhe, wenn die Pflanze unbelaubt ist. Jeder Schnitt bedeutet einen Eingriff in das Gleichgewicht der Pflanze. Schneidet man einen voll belaubten Strauch im Sommer stark zurück, gehen ihm wertvolle Assimilationsflächen verloren, die Ernährung bestimmter

Wurzelbereiche wird gefährdet, die Pflanze kann einen regelrechten Schock erleiden. Da in unseren Breiten bis ins Frühjahr hinein mit Frösten zu rechnen ist, die neue Triebe zurückfrieren lassen, sollten Sie abwarten, bis diese Gefahr möglichst gebannt ist. Der beste Schnittzeitpunkt liegt im zeitigen Frühjahr, kurz bevor die Knospen austreiben. Das exakte Datum hängt natürlich vom Klima der Region und vom Witterungsverlauf des Jahres ab. In milden Gebieten kann der optimale Zeitpunkt bereits Mitte März sein, in kühleren erst Anfang April. Ein guter Anhaltspunkt ist die Forsythienblüte. Am besten verbindet man die Schnittmaßnahmen mit dem Abhäufeln.

Eine Ausnahme bilden einmalblühende Rosen. Sie werden im zeitigen Frühjahr nicht beschnitten, da man sie sonst ihrer Blüte berauben würde. Wuchskorrekturen führt man bei ihnen erst nach der Blüte durch. Stärkere Eingriffe, wie ein Verjüngungsschnitt (→ Seite 182), erfolgen jedoch auch in der Vegetationsruhe. Allerdings bleibt dann ein Jahr die Blüte aus.

234. Sommerschnitt: Ich lese immer wieder einmal etwas von einem »Sommerschnitt« bei Rosen. Was ist darunter zu verstehen?

Bei öfterblühenden Rosen schneidet man während der Saison laufend verwelkte Blüten ab (→ Bild Seite 172). Das erspart der Pflanze die kräftezehrende Fruchtbildung. Stattdessen kann sie ihre ganze Energie in die Entwicklung weiterer neuer Blüten stecken. Bei büschelblütigen Sorten verwelkt zunächst die zentrale Hauptblüte. Diese nimmt man einzeln heraus. Ist ein Blütenspieß komplett abgeblüht, schneidet man ihn mindestens auf das nächste vollständig ausgebildete Laubblatt zurück.

Bei manchen Wuchsformen empfiehlt man als Sommerschnittmaßnahme sogar das Zurückstutzen der Seitentriebe bis auf wenige Augen. Je kräftiger das oberste Auge und der Trieb an der Schnittstelle sind –

manche Fachleute empfehlen Bleistiftstärke – desto schneller wird er neue Blüten tragen. Spät im Jahr ist jedoch kein Neutrieb mehr erwünscht, um die Frostfestigkeit nicht zu gefährden. Ab August schneidet man daher nur noch die welken Blütenköpfe ab. Bei Sorten, die Hagebutten ausbilden, sollten Sie die letzten Blüten am Strauch lassen.

Wenn Sie die Seitentriebe am Spalier in die Waagerechte ziehen, dann setzen sie an diesen Partien mehr Blüten an.

235. Spaliererziehung: **Unsere Kletterrose soll an einem Wandspalier emporwachsen. Wie binde ich sie am Spalier auf, damit sie üppig blüht und im unteren Bereich nicht verkahlt?**

➤ Ziehen Sie die Haupttriebe fächerförmig über die gesamte Wandfläche verteilt nach oben. Leiten Sie die Seitentriebe möglichst in die Waagerechte (→ Bild), dann setzen sie die meisten Blüten an. Das hängt mit der Verteilung von Pflanzenhormonen im Holz zusammen.

➤ Im Basisbereich neigen Kletterrosen oft zum Verkahlen, insbesondere, wenn sie straff senkrecht gezogen werden, denn die Pflanzen treiben bevorzugt die obersten Augen aus. Mit dem Herunterbinden von Seitentrieben wirken Sie dem entgegen.

➤ Sie können aber auch einige schwächere Basistriebe einkürzen. Sie verzweigen sich dann tief und verleihen mit diesem Stufenschnitt auch dem unteren Strauchbereich Blüten. Diese Maßnahme ist vor allem bei Kletterrosen, die an Bögen, Säulen oder Obelisken emporwachsen, sinnvoll.

236. Stallmist: Stimmt es, dass Stallmist ein guter Rosendünger ist?

Grundsätzlich ja. Vor allem Pferde- und Rindermist sind traditionsreiche Dünger. Sie enthalten zahlreiche wichtige Nährstoffe und wirken zugleich als effektive Bodenverbesserer und Humusbildner. Allerdings darf man Stallmist keinesfalls frisch verwenden. Er enthält dann zu viel Harnstoff, der zu Verbrennungen bei den Rosen führen kann. Stallmist sollte daher mindestens ein Jahr abgelagert oder kompostiert sein.
Schweine- und Geflügelmist sollten – wenn überhaupt – nur verkompostiert verwendet werden.

237. Steckhölzer: Ich habe gehört, man kann Rosen sehr einfach über Steckhölzer anziehen. Wie macht man das?

Die Vermehrung über Steckhölzer empfiehlt sich vor allem für Strauch-, Kletter- und Flächenrosen, da diese Rosen zum einen ausreichend Triebmaterial bie-

1 *Steckhölzer schneidet man während der Winterruhe. Sie sollten etwa bleistiftstark und 20 cm lang sein.*

2 *Idealerweise steckt man sie sofort in den Boden, und zwar so tief, dass nur das oberste Auge sichtbar bleibt.*

ten, zum andern auch als wurzelechte Pflanzen (→ Seite 47) gut gedeihen.

➤ Schneiden Sie die Steckhölzer im Spätherbst, Ende November oder im zeitigen Frühjahr vor dem Austrieb – in jedem Fall im unbelaubten Zustand.

➤ Wählen Sie etwa bleistiftstarke, gut ausgereifte diesjährige Triebe. Sie sollten in der vorhergegangenen Saison geblüht haben. Schneiden Sie sie auf ca. 20 cm zurecht (→ Bild 1).

➤ Stecken Sie die Hölzer am besten sofort an ihren geplanten, endgültigen Standort. Der Boden wird vorher etwas aufgelockert. Die Steckhölzer so tief in die Erde senken, dass nur noch das oberste Auge herausschaut (→ Bild 2).

➤ Abschließend gut angießen und in den folgenden Monaten den Boden stets leicht feucht halten.

➤ Wenn das Auge austreibt, ist die Bewurzelung geglückt. Kappen Sie den Trieb ein- oder zweimal, damit sich die junge Rose gut verzweigt.

238. Topfmaterial: **Wie sollte ein Rosentopf aussehen? Welche Materialien sind für Rosenkübel am besten geeignet?**

Entscheidend für den Erfolg der Kübelkultur von Rosen ist immer, dass die gewählte Sorte und der Topf zusammenpassen. Zwergrosen gedeihen auch in Balkonkästen, wurzelecht vermehrte Flächenrosen sogar in Ampeln.

➤ Grundsätzlich gilt: Je kleiner und kompakter die Rose von Natur aus wächst, desto besser kommt sie in der Regel mit der Topfkultur klar.

Beet- und Edelrosen sowie Hochstämmchen sind wohl der häufigste Balkon- und Terrassenschmuck. Sie können aber auch Strauch- und Kletterrosen in Gefäßen halten, wenn diese nur groß genug sind. Als Tiefwurzler bevorzugen sie hohe, zylinderförmige Kübel. Für stattliche Sorten sollten sie eine Mindesthöhe von 50 cm, besser noch 70 cm haben. Ganz wichtig: Die Wasserabzugslöcher dürfen nicht fehlen! Welches Material Sie wählen, hängt in erster Linie von gestalterisch-ästhetischen Gesichtspunkten ab. Ob rustikales Holz, klassische Terrakottakübel oder hochmoderne Edelstahlgefäße – entscheidend ist in erster Linie der persönliche Geschmack. Alle Materialien haben Vor- und Nachteile:

➤ **Terrakotta, Ton und Keramik** sorgen für einen guten Luft- und Wasserhaushalt, haben aber auch eine hohe Verdunstungsrate. Glasierte Keramiktöpfe reduzieren den Verlust, sind aber meist frostgefährdet. Teurere Modelle ertragen zum Teil sogar Frost. Alle sind gut standfest, aber auch bruchgefährdet und bei großen Gefäßen auch sehr schwer.

➤ **Holz** überzeugt durch Schlag- und Bruchfestigkeit, isoliert hervorragend und ist frostfest. Allerdings begrenzt die Verwitterung die Lebensdauer.

➤ **Kunststoff** empfiehlt sich wegen seiner Leichtigkeit überall dort, wo die Töpfe häufig umgestellt werden (müssen). Geringe Verdunstung und attraktive Preise sind weitere Vorteile. Dem stehen schlechte Standfestigkeit und schlechte Isolierung gegenüber. Letzteres führt, ebenso wie bei **Metall**, an heißen Tagen oft zu Wurzelverbrennungen – besser als Übertopf nutzen.

➤ **Stein** ist frosthart, bruchfest und witterungsbeständig, allerdings sehr schwer und hat seinen Preis.

EXTRATIPP

Schnupper-Töpfe

Wenn Sie sich Rosen in Töpfen und Kübeln auf Balkon und Terrasse halten, dann erhöhen Sie den Genuss durch die Wahl stark duftender Sorten. Da Rosen in Töpfen und Kübeln relativ mobil sind, können Sie sie immer in Nasennähe rücken, morgens an den Tisch, abends an den Liegestuhl – ganz nach Lust und Laune. So können Sie den Duft optimal genießen. Wenn Sie dann noch ein paar Kräutertöpfe dazugesellen, ist das Aroma-Ensemble perfekt.

239. Topfrosenpflege: Ich bin ein großer Rosen-fan, habe aber keinen Garten. Daher möchte ich auf meinem Balkon Rosen in Töpfen und Kübeln halten. Was muss ich da beachten?

Neben der Auswahl des richtigen Pflanzgefäßes erfordert die erfolgreiche Kübelkultur von Rosen regelmäßige, gute Pflege. Das beginnt mit dem Pflanzen.

➤ **Eintopfen:** Für die Kübelhaltung empfiehlt sich für wurzelnackte Ware (→ Seite 132) das Frühjahr als beste Pflanzzeit. Containerrosen können die ganze Saison über in Töpfe und Kübel umgepflanzt werden, sie bringen ja bereits einen Ballen mit. Das neue Gefäß sollte ringsum rund 10 cm mehr Platz bieten als der Container. Geben Sie zuunterst eine 2–5 cm hohe Lage Kies, Tonscherben oder Blähton als Dränage in das Pflanzgefäß. Die verwendete Erde soll strukturstabil sein. Für Containerrosen kann man fertige Rosenerde verwenden. Wurzelnackte vertragen diese aufgedüngten Fertigerden noch nicht. Hier können Sie Gartenerde mit strukturstabilisierenden Zusatzstoffen (z. B. Blähton) bis zu einem Anteil von 10 % versetzen. Nach dem Pflanzen gut angießen.

➤ **Pflegen:** Im Kübel ist das Erdvolumen äußerst begrenzt, d. h., die darin enthaltenen Nährstoff- und Wasservorräte gehen schnell zur Neige und müssen daher laufend nachgeliefert werden. Als Dünger empfehlen sich Flüssigdünger, die Sie einfach dem Gießwasser zusetzen (nur bis Mitte Juli, danach nicht mehr düngen). Sie können aber auch Langzeitdünger verwenden. Rein organische Dünger machen in der Topfkultur wenig Sinn, da die für die Umsetzung notwendigen Bodenorganismen weitgehend fehlen. Bei trockener Witterung ist tägliches Gießen unerlässlich. Achten Sie darauf, dass keine Staunässe entsteht. Stellen Sie die Pflanzgefäße auf Holzleisten oder Füße, damit ein guter Wasserabzug gewährleistet ist.

➤ **Winterschutz:** Die Rosen selbst sind natürlich auch im Kübel frosthart, aber das geringe Erdvolumen im Topf friert schneller durch als der Boden im

Schützen Sie Ihre Topfrosen auf dem Balkon mit einer Hülle aus Schilfmatten, die Sie z.B. mit Stroh ausfüllen.

Freiland. Langsames Durchfrieren und späteres schonendes Wiederauftauen schadet den Pflanzen in der Regel nicht. Gefährlich sind häufige rasche Wechsel. An sonnigen Tagen erwärmt sich die Erde besonders in dunklen Kunststofftöpfen beispielsweise sehr schnell. Darauf folgende frostige Nächte kehren den Prozess wieder um. Gegen solche Temperatursprünge schützt ein schattiger Platz zum Überwintern sowie eine isolierende Verpackung für den Topf (→ Bild) etwa ein Styropor-Untersatz sowie ein Polster aus trockenem Laub. Schattieren Sie zusätzlich die Triebe mit Sackleinen oder Reisig.

240. Trockensträuße: Wie kann ich meine Gartenrosen für Trockensträuße, Kränze oder Gestecke trocknen?

Sie können Rosen an der Luft oder mit Salz trocknen.
➤ Zum **Lufttrocknen** hängen Sie die Blüten kopfüber an ihren Stielen auf. Nie mehr als zehn mit einem lockeren Gummiband zusammenbündeln, sonst trocknen die inneren schlecht durch und schimmeln. Hängen Sie die Sträuße an einem trockenen, gut belüfteten Platz auf, etwa in einem Schuppen oder auf dem Dachboden. Nach 2–4 Wochen – je nach Temperatur und Raumklima – sind sie rascheltrocken und können für Dekorationszwecke verwendet werden. Beim Luftrocken verändern sich allerdings die Farben.
➤ Sollen die Farben erhalten bleiben, ist die **Salztrocknung** vorzuziehen. Dazu legt man die Blüten in eine Blech- oder Pappdose, gibt Trockensalz (gibt es

im Bastelladen) hinein und die Rosenblüten dazu. Sie sollten ringsum von Salz eingehüllt sein. Nach ein paar Tagen Lagerung an einem warmen, trockenen Ort sind sie durchgetrocknet. Das Salz können Sie im Backofen trocknen und wieder verwenden.

241. Unterpflanzung: Kann ich meine Rosenhochstämmchen im Topf unterpflanzen?

Kritiker weisen nicht ganz zu Unrecht darauf hin, dass jede zusätzliche Pflanze eine Wasser- und Nährstoffkonkurrentin in dem ohnehin begrenzten Wurzelraum darstellt. Andererseits erfordern Topfrosen sowieso eine intensivere Pflege (→ Seite 179), dann spielen ein paar »Zaungäste« auch keine große Rolle mehr. Wichtig ist nur, dass die Ansprüche der Begleitpflanzen mit denen der Rosen übereinstimmen. Hier empfehlen sich vor allem einjährige Sommerblüher. Sie sorgen für farbenprächtige Dauerblüte und wollen ähnlich versorgt sein wie die Rose. Hängende Formen, wie Männertreu oder Duftsteinrich, die dekorativ über den Topfrand hängen, stehen Hochstammrosen besonders gut. Um ein Ineinanderwachsen der Wurzeln zu vermeiden und die Rosenwurzeln beim Ein- und Auspflanzen zu schonen, können Sie die Begleitpflanzen mitsamt Töpfchen in den Rosenkübel setzen.

242. Vasenrosen schneiden: Wann und wie schneidet man Rosen für die Vase, damit sie möglichst lange halten?

➤ Der beste Schnittzeitpunkt ist der frühe Morgen. Sollten Sie zu dieser Tageszeit nicht dazu kommen, warten Sie die Abendstunden ab. In der Mittagszeit sinkt der Wassergehalt in den Pflanzen deutlich ab, was die Haltbarkeit in der Vase reduziert.
➤ Wählen Sie Blüten, die bereits Farbe zeigen und deren Kelchblätter sich schon abspreizen.

➤ Stellen Sie die Blütenstängel möglichst schnell ins Wasser und schneiden Sie die Stiele vorher schräg an.

➤ Das Vasenwasser sollte handwarm sein.

➤ Entfernen Sie alle Laubblätter, die ins Wasser tauchen würden – das beugt Fäulnisbildung vor.

243. Verjüngungsschnitt: Was versteht man unter einem Verjüngungsschnitt, und wie ist er durchzuführen?

Der Verjüngungsschnitt ist eine Radikalkur für ältere Rosen, die blühfaul werden, von unten her verkahlen oder insgesamt mit ihrem Erscheinungsbild nicht mehr gefallen. Der Fachmann nennt diese Maßnahme auch »auf den Stock setzen« (→ Seite 138).

Beim Verjüngungsschnitt werden alle mehrjährigen Triebe der Rose bodennah (15–20 cm Höhe) abgeschnitten, nur die frischen letztjährigen Triebe bleiben unberührt.

Da diese Maßnahme einen drastischen Einschnitt ins Pflanzenleben darstellt, darf sie nicht sehr oft und wenn, dann nur während der Vegetationsruhe durchgeführt werden – am besten im zeitigen Frühjahr vor dem Austrieb. In der folgenden Saison baut sich der Rosenstrauch dann völlig neu auf.

EXTRATIPP

So verlängern Sie das Vasenleben

Wenn Sie die frisch angeschnittenen Stielenden für drei Sekunden in kochendes Wasser tauchen, dann befreit das die Leitungsbahnen im Stängel von sperrenden Luftbläschen und verbessert die Wasserversorgung.

Setzen Sie Ihren Rosenstrauß nie der direkten Sonne aus und stellen Sie ihn nachts kühler. Wirken die Blüten dennoch nach einigen Tagen schlapp, legen Sie sie über Nacht in die Badewanne und schneiden die Stängel unter Wasser neu an.

244. Verwelktes ausschneiden: **Warum wird oft empfohlen, verwelkte Blüten abzuschneiden? Hat das nur ästhetische Gründe?**

Bei öfterblühenden Rosensorten regt das Entfernen verwelkter Blüten die raschere Bildung neuer Knospen an. Die Pflanze steckt ihre Energie dann nicht in die kräftezehrende Ausbildung von Früchten, sondern in die Folgeblüte.

Bei einmalblühenden Rosen erübrigt sich dieser Sommerschnitt (→ Seite 174), es sei denn, Sie stören sich an den welken Blüten. Wer allerdings Hagebutten ernten möchte, darf die Fruchtknoten nicht entfernen.

245. Wildtriebe: **Ich habe gehört, man soll Wildtriebe nicht abschneiden. Wie soll ich sie dann entfernen?**

Ein oberflächliches Abschneiden der Wildtriebe (→ Seite 45) würde nur den Neuaustrieb und eine stärkere Verzweigung anregen. Die Edelsorte wäre schnell völlig überwuchert. Wildtriebe sollten an der Ansatzstelle unter der Erde abgerissen werden. Graben Sie dazu die Erde am Wurzelhals etwas auf, bis die Ansatzstelle des Wildtriebs freiliegt, umfassen Sie ihn und reißen Sie ihn ruckartig nach unten weg. Anschließend die Erde wieder anfüllen. Einen bestimmten Zeitpunkt brauchen Sie nicht abzuwarten.

246. winterharte Topfrosen: **Ich würde gerne eine Topfrose auf dem Balkon halten, sie müsste aber im Winter draußen bleiben. Sind Rosen im Topf winterhart?**

Grundsätzlich ja. Die Triebe sind im Topf genauso frosttolerant wie im Freiland. Der Knackpunkt ist das geringe Erdvolumen im Topf, das schneller durchfriert als der Gartenboden. Das bedeutet nicht nur

Wasserstress für die Rose. Insbesondere häufige und starke Temperaturschwankungen können die Rose nachhaltig schädigen. Durch ein paar einfache Winterschutzmaßnahmen (→ Seite 179) kann man dem jedoch wirkungsvoll begegnen. Einer Dauer-Balkonkultur steht daher nichts im Wege.

247. Winterschutz: Eigentlich sind Rosen doch frosthart. Brauchen sie dann wirklich einen Winterschutz?

Tatsächlich sind die bei uns gehandelten Freilandrosen winterhart. Ihr Holz hält Minusgrade ohne Probleme aus – bis zu welchem Ausmaß, ist dabei sortenabhängig. In sehr rauen Lagen oder Höhenregionen sollten Sie allerdings von vorneherein besonders widerstandsfähige Varietäten pflanzen. Als empfindlich erweist sich jedoch die Veredlungsstelle, die bei korrekter Pflanzung unter der Erde liegt. Sie sollte in jedem Fall etwas geschützt werden.

In unseren Breiten wird den Rosen weniger der Frost gefährlich als die winterliche Sonne. Klingt paradox, ist aber so. Starke Sonneneinstrahlung, wie sie im Januar und Februar nicht selten ist, regt das Holz zum frühen Austrieb an. Darauf folgende Nachtfröste führen dann zu Schäden an den Knospen. Deshalb sind Winterschutzmaßnahmen (→ Seite 185) in erster Linie Sonnenschutzmaßnahmen.

248. Winterschutz, Anfang und Ende: Wann wird der Winterschutz angelegt und wann wieder entfernt?

Sie sollten mit den Winterschutzmaßnahmen nicht zu früh beginnen. Das Holz muss zuvor gut ausgereift sein. Ein exaktes Datum gibt es nicht, es hängt von den Klimaverhältnissen der Region und des Jahres ab. Meist liegt um Mitte Dezember herum der günstigste

Termin, ehe die oberen Bodenschichten durchfrieren. Entfernt wird der Winterschutz, wenn die Gefahr schlimmer Nachtfröste weitgehend vorbei ist, meist Ende März/Anfang April. Am besten verbinden Sie das Abnehmen des Winterschutzes mit dem Rosenschnitt vor dem Frühjahrsaustrieb. Wählen Sie dazu einen Tag mit trübem, bedecktem Wetter.

249. Winterschutzmaßnahmen: Wie sehen die optimalen Winterschutzmaßnahmen für die verschiedenen Rosengruppen aus?

➤ **Wildrosen** kommen in der Regel völlig ohne Winterschutzmaßnahmen klar. Sollten einzelne Partien leicht zurückfrieren, schneidet man sie im Frühjahr einfach bis ins gesunde Holz zurück.

➤ Auch **Strauchrosen** sind relativ unempfindlich. Allerdings empfiehlt es sich, wie bei allen veredelten Rosen, die Basis anzuhäufeln (→ Seite 137). Diese Maßnahme schützt die Veredlungsstelle vor in den Boden vordringenden Frösten. Schütten Sie dazu etwa 20–30 cm Gartenerde oder Kompost auf den Wurzelbereich. So sind auch die »schlafenden Augen« (→ Seite 12) an der Triebbasis geschützt – die Rose könnte sich, selbst wenn die oberen Triebteile zurückfrieren, wieder aus eigener Kraft verjüngen. In sehr frostigen Lagen können Sie auch einen schützenden Mantel aus Schilfmatten um den Strauch stellen, der mit isolierendem trockenem Laub gefüllt wird.

➤ Bei **Beet- und Edelrosen** sollten Sie die Erdhaufen zusätzlich noch mit etwas Fichtenreisig abdecken (→ Bild 1, Seite 186). Das schattiert die Triebe und schützt die Knospen vor vorzeitigem Austrieb.

➤ Bei **Kletterrosen**, insbesondere solchen, die vor Mauern stehen oder an sonnenexponierten Bögen, deckt man die Triebe mit Sackleinen, Vlies oder Fichtenreisig ab, um sie vor zu viel Sonne und Wärme zu schützen. An Bögen oder anderen frei stehenden Rankhilfen umwickelt und verschnürt man einfach

Triebe inklusive Gerüst und Winterschutz zu einem festen Paket (→ Bild 2).

➤ Bei **Stammrosen** liegt die Veredlungsstelle in der Krone. Man braucht sie nicht anzuhäufeln, vielmehr muss man ihre Krone schützen. Dazu gibt es zwei Möglichkeiten:

1. Junge Stämmchen können Sie vorsichtig, über die Zapfenschnittstelle (→ Seite 111) hinweg, zu Boden biegen und dort mit Haken oder Stöcken verankern. Decken Sie dann die Krone mit Erde, Kompost oder trockenem Laub ab.

2. Ältere Stämme lassen sich meist nicht mehr biegen. Stutzen Sie die Krone grob zurück und stülpen Sie einen Leinensack oder Vlies darüber (→ Bild 3). Sie können auch Fichtenreisig in die Krone binden und damit die Triebe vor Sonne schützen.

250. Winterschutz, Material: Welches Material eignet sich am besten als Winterschutz?

➤ **Zum Anhäufeln** verwenden Sie am besten Gartenerde aus einem anderen Teil des Gartens. Das Zu-

1 *Beetrosen werden an der Basis gut angehäufelt und dann mit Fichtenreisig abgedeckt.*

2 *Kletterrosentriebe schattiert und schützt man mit Fichtenreisig oder Vliesumhüllung.*

3 *Hochstammrose stülpt man als Frost-, aber auc Sonnenschutz Jutesäcke über.*

sammenscharren von Erde im Wurzelbereich der Rose könnte oberflächennahe Wurzeln verletzen. Noch besser geeignet ist reifer Kompost. Den können Sie im Frühjahr beim Abhäufeln gleich als Dünger und Bodenverbesserer im Wurzelbereich verteilen. Torf sollten Sie nicht benutzen: Er speichert zu viel Wasser, was bei Frost zu Schäden führen kann. Zudem sollte er schon aus Umweltgründen nicht mehr im Garten eingesetzt werden.

➤ **Oberirdische Triebe** sollten Sie nur mit gut luftdurchlässigen Materialien schattieren. Niemals Plastikplanen oder -tüten zum Abdecken nehmen. Sie führen bei Sonnenbestrahlung zu Treibhausklima und Hitzestau, bei Abkühlung zu Kondenswasserbildung und erhöhen damit das Schadenrisiko, statt die Rosen zu schützen. Bewährt haben sich Sackleinen, Vliese, aber auch trockenes Laub, Fichtenreisig oder Schilfmatten. Diese Materialien schattieren ausreichend und erlauben dennoch einen guten Luftaustausch.

251. Zimmerrosen pflegen: Ich habe zu meinem Geburtstag etliche Zimmerrosen geschenkt bekommen. Was muss ich bei ihrer Pflege beachten? Kann ich sie auch auspflanzen?

Stellen Sie die Rosenzwerge an ein helles, aber nicht zu sonniges Fenster. Am besten eignen sich Ost- oder Westfenster. Wichtig ist – wie bei allen Topfrosen – regelmäßiges Gießen und Düngen, am besten mit Flüssigdünger. Im Winter macht die trockene Heizungsluft oft Probleme. Die Rosen leiden dann schnell unter Spinnmilben. Für Abhilfe sorgen Wasserschalen, die man mit auf die Fensterbank stellt. Auf keinen Fall darf man das Laub mit Zerstäubern besprühen. Denn auch im Zimmer lieben Rosen kein tropfnasses Laub. Wer Zimmerrosen auspflanzen möchte, sollte einen geschützten Standort wählen und den »Umzug« im Sommer vornehmen, damit sich die wärmeverwöhnten Zwerge bis zum Winter akklimatisieren können.

Rosen gesund erhalten

Kann man Krankheiten effektiv vorbeugen? An welchen Symptomen erkennt man Pilzinfektionen, und was kann man dagegen tun? Welche Schadbilder hinterlassen Insekten, und in welcher Befallsdichte werden sie gefährlich?

Dieses Schadbild hinterlässt der Rosenblütenstecher: Die Blütenknospe knickt nach unten ab.

252. abgeknickte Rosenknospen: An meinen Beetrosen sind etliche Rosenknospen abgeknickt und zeigen auch Fraßspuren. Welcher Schädling war hier am Werk? Was kann ich gegen ihn tun?

Das beschriebene Schadbild verursacht der **Rosenblütenstecher**. Der kleine Rüsselkäfer tritt vor allem an Himbeeren und Erdbeeren auf, befällt manchmal aber auch Rosen. Nachdem er ein Ei in die Blütenknospe abgelegt hat, knabbert er den Stängel darunter durch. Die Knospe knickt daraufhin nach unten ab und entwickelt sich nicht weiter. Entfernen Sie die geknickten Blütenknospen, sobald Sie sie entdecken, und werfen Sie sie in die Mülltonne. So verhindern Sie, dass sich die Käferlarven entwickeln und weiterverbreiten können. In der Regel tritt der Käfer nicht in solchen Massen auf, dass weitere Bekämpfungsmaßnahmen erforderlich wären.

253. Abwehr stärken: Wie und womit kann ich die Abwehrkraft meiner Rosen stärken?

Die Stärkung der Abwehrkräfte fängt schon mit der Wahl des passenden Standorts, einer guten Nährstoffversorgung, der richtigen Pflege und etwas Vorbeugung (→ Seite 232) an. Außerdem können Sie mit so genannten Pflanzenstärkungsmitteln (→ Seite 219) die Abwehrkräfte fördern. Die Mittel kräftigen das Pflanzengewebe, d. h., sie machen die Blattoberflächen widerstandsfähiger gegen den Angriff von

Schädlingen. Aus dem biologischen Gartenbau sind eine Vielzahl von Brühen (→ Seite 198), Jauchen (→ Seite 218) und Tees (→ Seite 229) bekannt. Der Gartenbedarfshandel bietet inzwischen aber auch eine Reihe fertiger Präparate an, die in der Regel ebenfalls auf natürlichen Wirkstoffen wie Algenextrakten, Aminosäuren, Proteinen und Spurenelementen basieren und frei von toxischen Stoffen sind.

Alle Stärkungsmittel müssen vorbeugend ausgebracht werden, d. h., beginnend mit dem Austrieb.

254. angefressene Blätter: Bei unseren Strauchrosen sind viele Blätter an den Rändern buchtenförmig angefressen, ich kann aber keinen Schädling sehen. Welches Tier frisst hier, und wie kann ich es bekämpfen?

Für dieses Schadbild ist der **Dickmaulrüssler** (→ Bild 3, Seite 225) verantwortlich. Er ist ein relativ häufiger Gast an Rosen. Der etwa 1 cm große schwarze Rüsselkäfer macht sich auch gerne über andere Blätter her, besonders an Gehölzen. Typischerweise hinterlässt er runde Buchten, die vom Rand her in die Blattspreite reichen. Auch beim Suchen mit der Lupe werden Sie keine Exemplare entdecken, denn der Käfer kommt nur nachts an die Oberfläche. Tagsüber lebt er unter der Erde. Solange nur einige Blätter angefressen sind, macht das der Rose nicht viel aus.

Bei starkem Befall können Sie nachts im Schein der Taschenlampe leicht die Käfer absammeln.

Der nachtaktive Dickmaulrüssler hinterlässt ganz typische runde Fraßbuchten an den Rosenblättern.

Gefährlicher als die Käfer sind die im Boden lebenden Larven des Dickmaulrüsslers, die sich an den Wurzeln gütlich tun. Gegen sie können Sie Bodennematoden ausbringen, die Sie im Gartenfachhandel erhalten. Das sind farblose, 0,3–5 mm große Fadenwürmer, die sich über die Larven des Dickmaulrüsslers hermachen. Lösen Sie dazu das Tonpulver, in dem die Nematoden geliefert werden, in einer Kanne Wasser auf und gießen Sie die Lösung direkt in den Wurzelbereich der befallenen Rose. Beachten Sie aber, dass die Bodentemperatur mindestens 12 °C betragen muss, sonst können die Fadenwürmer nicht aktiv werden. Bringen Sie die Lösung am besten an einem trüben Tag oder abends aus – direkte Sonnenbestrahlung tut den Nematoden nicht gut.

255. **biologischer Pflanzenschutz:** **Da Kinder in unserem Haushalt leben, möchte ich keine chemischen Pflanzenschutzmittel im Garten einsetzen. Wie kann ich unsere Rosen dennoch vor Krankheiten und Schädlingen schützen?**

Der beste Schutz gegen Krankheiten und Schädlinge ist eine gute Vorbeugung (→ Seite 232).
Bereits erkrankte Pflanzenteile sollten Sie stets sofort entfernen, um eine weitere Ausbreitung der Erreger zu verhindern. Schädlinge lassen sich oft absammeln oder abstreifen. Ist der Befallsdruck jedoch zu stark, dann gibt es auch eine Reihe von biologischen Pflanzenschutzmitteln, die als ungefährlich für Menschen, Haustiere und Bienen und zum Teil auch als nützlingsschonend eingestuft werden. Dazu gehören:
➤ **Brennnesselbrühe:** Gegen Blattläuse – wohl dem häufigsten Schädling bei Rosen – hilft bei frühzeitigem Erkennen das Sprühen mit Brennnesselbrühe (→ Extratipp).
➤ **Neem-Öl:** Dieses Präparat wirkt gegen Blattläuse und andere parasitäre Insekten, indem es auf deren Hormonsystem Einfluss nimmt (→ Seite 214). Es

wird aus dem Samen des Neembaums (*Azadirachta indica*) hergestellt und soll nützlingsschonend sein.

➤ **Paraffinöl:** Dieses gereinigte, ungiftige Erdölprodukt überzieht die Pflanzentriebe mit einem feinen Film, unter dem die Schadinsekten – leider aber auch manche Nützlinge – ersticken.

➤ **Pyrethrum-Präparate:** Der Wirkstoff dieser Präparate wird aus einer Chrysanthemenart gewonnen – inzwischen aber auch schon künstlich hergestellt. Er galt lange als für den Menschen ungefährlich, steht inzwischen aber unter dem Verdacht, krebserregend zu sein. Er vernichtet Schädlinge relativ schnell – leider aber auch die Nützlinge.

➤ **Rapsöl:** Rapsöl wirkt wie Paraffinöl: Es verklebt ebenfalls die Atmungsorgane der Insekten. Es wird als Emulsion ausgebracht und wirkt gegen die erwachsene Tiere, vernichtet aber auch die Eier.

➤ **Schmierseifenlösung:** Sie wirkt gegen weichhäutige Insekten, wie Blattläuse, leider aber auch gegen die nützlichen Schwebfliegenlarven. Lösen Sie 300 g Schmierseife in 10 l heißem Wasser auf. Die abgekühlte Lösung wird unverdünnt auf die Pflanzen gespritzt. Pflanzenverträglicher als die haushaltsübliche Schmierseife sind Kaliumsalze der natürlichen Fettsäuren (in der Apotheke oder im Gartenfachhandel erhältlich).

➤ **tierische Gegenspieler:** Es gibt eine ganze Reihe natürlicher Fraßfeinde, die helfen, Schädlinge gezielt zu reduzieren.

EXTRATIPP

Brennende Brennnesselbrühe

Gegen leichten Blattlausbefall hilft das Besprühen mit Brennender Brennnesselbrühe.

Schneiden Sie dazu 500 g frische Brennnesseln klein und weichen Sie sie in 5 l Wasser 12–24 Stunden ein. Schütten Sie das Ganze durch ein Sieb und sprühen Sie dann die befallenen Pflanzen tropfnass mit der unverdünnten Flüssigkeit ein.

Locken Sie also möglichst viele dieser natürlichen Nützlinge (→ Seite 215) in Ihren Garten. Eine ganze Reihe von ihnen können Sie auch über den Gartenfachhandel beziehen:

➤ So dezimieren z. B. Raubmilben die Rote Spinne (Spinnmilbe).

➤ Räuberische Nematoden (Fadenwürmer) machen sich über die Larven des Dickmaulrüsslers her.

➤ Die Larven von Florfliegen, Gallmücken und Schlupfwespen fressen liebend gerne Blattläuse.

256. Blattflecken, dunkelbraun: **Meine Rosen bekommen auf den Blättern dunkelbraune bis violettschwarze Flecken. Dann werden die Blätter gelb und fallen ab. Was ist das, und was kann ich dagegen tun?**

Bei den von Ihnen beschriebenen Symptomen handelt es sich um einen Befall mit **Sternrußtau** (→ Bild 1), eine der häufigsten Rosenkrankheiten. Sie wird durch Pilze verursacht.

Die Krankheit tritt meist im Hochsommer auf, bevorzugt nach feuchter Witterung.

➤ Pflanzen Sie Rosen an einen luftigen Standort, an dem das Laub rasch abtrocknen kann.

➤ Gießen Sie nur in den frühen Morgenstunden, damit das Laub tagsüber trocknen kann.

➤ Verwenden Sie ab dem Austrieb regelmäßig Pflanzenstärkungsmittel wie Ackerschachtelhalm- oder Rainfarnbrühe (→ Seite 198).

➤ Entsorgen Sie befallene Pflanzenteile und Falllaub beim ersten Anzeichen eines Pilzbefalls sofort über den Hausmüll.

➤ Wenn Sie den Schaden zu spät bemerken, dann hilft oft leider nur noch das Spritzen mit Fungiziden. Da die Pilzsporen in den Knospen und am Laub überwintern, müssen Sie zum Austrieb nochmals spritzen, um eine Reinfektion des neuen Laubs im Folgejahr zu vermeiden.

257. Blattflecken, orangefarben: Ich habe auf den Blattoberseiten meiner Rosen zahlreiche orange- bis rostfarbene Flecken entdeckt. Was ist das, und was kann ich dagegen tun?

Die orange- bis rostfarbenen kleinen Flecken auf den Blattoberseiten sind die ersten Symptome eines Befalles mit dem **Rosenrost** (→ Bild 2), einer weiteren relativ häufigen Pilzkrankheit bei Rosen. Später erscheinen an der Laubunterseite zunächst gelbe, stecknadelkopfgroße Pusteln, die sich im weiteren Verlauf rostbraun und dann schwarz verfärben. In diesen Pusteln reifen neue Pilzsporen heran.

Der Rosenrost tritt vornehmlich nach kühl-feuchter Witterung auf.

➤ Entfernen Sie die befallenen Pflanzenteile möglichst sofort, ehe sich die Unmengen schwarzer Pilzsporen über den Wind weiterverbreiten können.

➤ Stärken Sie Ihre Rosen vorbeugend mit Ackerschachtelhalm- oder Wermutbrühe (→ Seite 198) oder mit Farnkrautjauche (→ Seite 219).

➤ Bei starkem oder zu spät erkanntem Befall hilft nur das Spritzen mit einem Fungizid.

1 *Sternrußtau – eine der häufigsten Pilzkrankheiten bei Rosen – bildet dunkelbraune Flecken auf den Blattoberseiten.*

2 *Rosenrost erkennt man an den zunächst orangebraunen, später schwarzen Pusteln an den Blattunterseiten.*

258. Blattflecken, violett: Meine Edelrosen haben auf den Blattoberseiten violette bis schwarze Flecken, auf den Unterseiten einen weißlichen Belag. Was ist das, und was kann ich dagegen tun?

Typisches Schadbild für den Befall mit Falschem Mehltau – einer ebenfalls häufigen Pilzkrankheit bei Rosen.

Die Beschreibung weist auf einen Befall mit **Falschem Mehltau** (→ Bild) hin. Im weiteren Verlauf der Krankheit fallen die Blätter dann ab. Diese Pilzkrankheit tritt meist erst im Spätsommer auf. Sie wird durch kühl-feuchtes Wetter gefördert. Entfernen Sie befallene Pflanzenteile sofort und entsorgen Sie sie in der Mülltonne. Zur Blattstärkung können Sie Ackerschachtelhalm- oder Rainfarnbrühe spritzen (→ Seite 198). Hilft das nichts, dann müssen Sie auf Fungizide zurückgreifen.

259. Blattläuse, Befall: Muss ich Blattläuse generell bekämpfen? Wie viele von ihnen schaden meinen Rosen?

Ein paar Blattläuse sind kein Grund zur Sorge, sie schaden den Rosen nicht nachhaltig. Im Laufe des Frühjahrs wandern die Läuse oft von alleine auf andere Wirtspflanzen ab. Außerdem werden sie auch von Nützlingen (→ Seite 215) wie Marienkäfern und Florfliegen sowie deren Larven dezimiert. Auch Gallmücken, Schwebfliegenlarven, Schlupfwespen, Ohrwürmer und Vögel zählen zu den natürlichen Feinden der Blattläuse. In Jahren mit sehr warmer und anhaltend trockener Witterung im Frühjahr kann es jedoch schon ab April zu einer explosionsartigen Vermehrung kommen. Heiße Standorte verschärfen das Problem noch. Bei starkem Befall kräuseln sich die Blätter, und der Austrieb verkrüppelt. Spätestens jetzt sind Gegenmaßnahmen angesagt.

---

260. Blattläuse, Bekämpfung: Auf meinen neuen Rosen haben sich an den Triebspitzen und Knospen massenweise Blattläuse angesiedelt. Was kann ich dagegen unternehmen?

Die ersten Blattläuse können Sie noch mit den Fingern abstreifen oder zerdrücken. Stärker befallene Triebe können Sie auch abschneiden – damit wird die Ausbreitung schon mal gebremst.
Als biologische Pflanzenschutzmaßnahmen empfehlen sich Spritzungen mit Brennnessel- oder Farnkrautjauche (→ Seite 219) oder Brennender Brennnesselbrühe (→ Seite 193) oder das Besprühen der Blätter und Triebe mit Schmierseifenlösung (→ Seite 193).
Das letzte Mittel sollte der Einsatz von chemischen Schädlingsbekämpfungspräparaten sein.

---

261. braune Triebe: In diesem Frühjahr sind an vielen meiner Rosensträucher Triebe braun geworden und abgestorben. Woran liegt das?

Das verfärbte Holz hat einen **Frostschaden** erlitten. Vitales junges Holz hat eine glatte grüne Rinde.

Hier war der Frost am Werk: Bei starker Frosteinwirkung sterben die oberirdische Triebe ab und werden braun.

Schneiden Sie die geschädigten Triebe noch vor dem Austrieb der verbliebenen Knospen bis in das gesunde Holz zurück – Sie erkennen es am weißen Mark.

262. Brühen: **Ich lese bei Pflanzenstärkungsmitteln oder biologischen Pflanzenschutzmitteln immer wieder den Begriff Brühe. Was versteht man darunter?**

Brühen können Sie – wie auch Jauchen (→ Seite 218) und Tees (→ Seite 229) – aus Wasser und Kräutern selbst herstellen (→ Extratipp). Im biologischen Gartenbau setzt man sie als Pflanzenstärkungsmittel, Blattdünger und Schädlingsbekämpfungsmittel ein. Sie werden meist in einer Verdünnung von 1:10 oder 1:20 über das Laub gespritzt oder direkt in den Wurzelbereich gegossen. Zu den wichtigsten Brühen für die Rosenkultur gehören:

➤ **Ackerschachtelhalmbrühe:** Der Ackerschachtelhalm, auch Zinnkraut genannt, enthält neben vielen Mineralstoffen vor allem reichlich Kieselsäure, der man eine gewebestärkende Funktion nachsagt. Deshalb verwendet man die Brühe, mit der fünffachen Menge Wasser versetzt, z. B. als Vorbeuge- und Bekämpfungsmittel gegen Pilzkrankheiten.

➤ **Brennnesselbrühe:** Brennnesseln enthalten zahlreiche Spurenelemente, Stickstoffverbindungen und Enzyme. Sie bilden die Grundlage für biologische Dünge-, Bodenverbesserungs- und Schädlingsbekämpfungsmittel. Die Brennende Brennnesselbrühe (→ Seite 193) ist eigentlich ein Kaltwasserauszug, denn sie wird im Gegensatz zu anderen Kräuterbrühen nicht aufgekocht. Man lässt das Kraut nur 12–24 Stunden in kaltem Wasser stehen. Unverdünnt gespritzt wirkt sie gegen Blattläuse.

➤ **Rainfarnbrühe:** Rainfarn enthält ätherische Öle, die Insekten abschrecken. Man sagt der Brühe sogar antibakterielle Wirkung nach. Es genügen 500 g blühende Pflanzen auf 10 l Wasser. Im Winter spritzt man die Flüssigkeit unverdünnt auf die Pflanzen, im Sommer wird sie mit der zweifachen Menge Wasser verdünnt. Rainfarnbrühe wirkt gegen Blütenstecher und Blattwespen, Mehltau und Rosenrost.

263. chemische Pflanzenschutzmittel: Kann ich ein chemisches Pflanzenschutzmittel, das gegen Mehltau an Apfelbäumen wirkt, auch gegen Mehltau bei Rosen einsetzen?

Nein. Chemische Pflanzenschutzmittel unterliegen in der EU einem einheitlichen Regelwerk. Sie dürfen nur vertrieben und angewendet werden, wenn sie zugelassen sind, und diese Zulassung muss für jede Pflanzenart und jede Krankheit gesondert erfolgen. Nach Pflanzenschutzgesetz muss außerdem auf der Verpackung vermerkt sein, dass das Mittel ausdrücklich für die Verwendung im Haus- und Kleingartenbereich zulässig ist. Da Zulassungsverfahren viel Geld kosten und von Zeit zu Zeit erneuert werden müssen, verändert sich die Liste der aktuell erlaubten Mittel ständig. Man kann sie jederzeit im Internet unter www.bba.de nachlesen. Viele Präparate erhält man aber ohnehin nur nach eingehender Beratung im Fachhandel, wo sie unter Verschluss aufbewahrt werden müssen.

EXTRATIPP

Grundrezept für Pflanzenbrühen
Auf 10 l Wasser kommen etwa 1 kg frische, zerkleinerte Pflanzen oder 100–200 g getrocknete Kräuter.
Weichen Sie das Pflanzenmaterial zunächst 24 Stunden in Regenwasser ein. Kochen Sie das Ganze dann auf und lassen es 20–30 Minuten lang köcheln. Gießen Sie dann die Flüssigkeit durch ein Sieb.
Die Anwendung der Pflanzenbrühe erfolgt – je nach Verwendung und Rezept – in unterschiedlicher Verdünnung.

➤ Verwenden Sie chemische Pflanzenschutzmittel nur nach aufgedruckter Gebrauchsanweisung und halten Sie sich streng an die Dosierungsvorschriften. Da sie immer einen Eingriff in das natürliche Gleichgewicht der Natur darstellen, sollten sie nur angewandt werden, wenn Sie alle anderen Möglichkeiten ausgeschöpft haben.

264. eingerollte Blätter: An meiner Beetrose rollen sich auf einmal die Blätter zigarrenartig ein. Woran liegt das? Schadet das der Rose? Wenn ja, was kann ich dagegen tun?

Blätter, die sich entlang der Mittelrippe nach unten einrollen (→ Bild), sind das typische Schadbild für den Befall mit der **Blattrollwespe** (→ Bild 2, Seite 225). Ab Ende April legt sie ihre Eier in die Blattränder der Rosen, die sich daraufhin nach unten einrollen. In den »Röhren« wachsen die weißlich- bis hellgrünen, etwa 9 mm langen Larven heran, die sich von Blattgewebe ernähren. Ab Mitte Juni lassen sie sich zu Boden fallen, spinnen sich in einen Kokon und verpuppen sich darin im nächsten Frühjahr. Durch das Einrollen geht dem Blatt natürlich wertvolle Assimilationsfläche verloren. Die Blätter vergilben daher und fallen später auch ab.
Um die Ausbreitung der Blattrollwespe einzudämmen, genügt es in der Regel, ab Anfang Mai regelmäßig die Rosen auf einen Befall hin zu kontrollieren und eingerollte Blätter abzuschneiden.

Dieses Bild zeigt sich oft im Frühjahr an frischen Rosentrieben. Der Verursacher hierfür ist die Blattrollwespe.

265. erhöhte Anfälligkeit: Viele Jahre war unsere Rose sehr gesund. Neuerdings wird sie anfälliger. Kann die Widerstandskraft einer Sorte nachlassen?

Ihre Beobachtung ist leider kein Einzelfall. Korrekt ausgedrückt lässt jedoch nicht die Widerstandskraft einer Sorte nach, sondern die Schaderreger verändern sich. Aufgrund hoher Reproduktionsraten und rascher Generationenfolgen können sie sich schnell an neue Bedingungen anpassen. Dieses Phänomen kennt man auch aus der Humanmedizin. Hochwirksame Medikamente verlieren im Lauf der Jahre oft ihre Durchschlagskraft, da sich die Erregerstämme verändert haben. So »knacken« manche Pilzkrankheiten mit der Zeit die Widerstandskraft der Rosen. Aus diesem Grund wird auch das ADR-Prädikat (→ Seite 52) nicht auf ewig verliehen, sondern immer wieder überprüft. So können einst sehr resistente Sorten das Siegel auch wieder verlieren, wenn sie sich nach Jahren als anfälliger erweisen.

266. Fensterfraß: An den Blättern meiner Rose sitzen grünliche Raupen, die an den Blatträndern und Blattoberseiten fensterartige Löcher ins Blatt nagen. Was sind das für Schädlinge, und wie kann ich sie bekämpfen?

An Ihrer Rose sitzen keine Raupen, sondern die Larven der **Rosenblattwespe** (→ Bild Seite 202). Durch Schabefraß zerstören die rund 10 mm langen Larven zunächst die Blattoberhaut, so dass nur die mittlere Hautschicht stehen bleibt. Das Blattgewebe verliert sein Blattgrün, die »Fenster« verfärben sich hell und lassen ihre Struktur durchschimmern.
Die Larven der Rosenblattwespe erscheinen im Mai/Juni. Sie sollten daher ab Mai regelmäßig die Blätter Ihrer Rosen kontrollieren. Entfernen Sie angefressene Blätter und Triebe und sammeln Sie die grünen Lar-

Hier knabbern sich die grünen Larven der Rosenblattwespe an den Blatträndern einer Rose entlang.

ven ab. Entfernen Sie auch das Falllaub und lockern Sie den Boden unter der Rose im Spätwinter auf, um die Verpuppung noch eventuell vorhandener Larven im Boden zu stören.

267. **Florfliegen:** Stimmt es, dass Florfliegen bzw. ihre Larven gute Blattlausvertilger sind?

Ja, sie tragen sogar den Beinamen »Blattlauslöwen«. Die erwachsenen Tiere (→ Bild 1, Seite 217) ernähren sich hauptsächlich von Honigtau und Wasser, fangen aber auch Blattläuse und andere Insekten. Geradezu gefräßig sind aber ihre Larven (→ Bild 2, Seite 217). Sie sehen ähnlich aus wie Marienkäferlarven und tragen Saugzangen, mit denen sie die Blattläuse packen und aussaugen. Bis zu 500 Stück vertilgt eine einzelne Larve! Daneben stehen auch noch Thripse, Milben, Schild- und Blutläuse auf ihrem Speiseplan.
Der Einsatz von Insektiziden im Garten sollte daher immer gründlich abgewägt werden, da die Nützlinge meist ebenfalls davon dezimiert werden.

268. **Frostschäden:** Wir wohnen in einer sehr kalten Gegend. Wie erkenne ich Frostschäden an meinen Rosen, und was kann ich vorbeugend dagegen tun?

Erfrorenes Holz stirbt ab und färbt sich braun (→ Bild Seite 197). Vitale junge Rosentriebe haben eine grüne Rinde. Schneiden Sie abgestorbenes Holz im

Frühjahr vor dem Austrieb komplett heraus. Der Rückschnitt muss dabei bis in den gesunden Trieb reichen, der am weißen Mark erkennbar ist.

➤ Zu den wichtigsten Vorbeugemaßnahmen, vor allem in kalten Regionen, gehört die Wahl frosthartter Rosensorten.

➤ Verzichten Sie außerdem schon ab Anfang Juli auf stickstoffhaltige Düngergaben, denn sie fördern den Neutrieb der Pflanze bis in den Herbst hinein. Die jungen, stark wasserhaltigen Triebe sind besonders frostempfindlich. Eine Kaliumgabe Ende August trägt dagegen zur Entwässerung der Pflanze bei und fördert die Winterfestigkeit.

➤ In extrem kalten Lagen sollten Sie darüber hinaus Ihre Rosen noch durch Abdecken (→ Seite 185) vor eventuellen Frostschäden schützen.

269. gelbe Blätter: **An meiner Rose werden die jüngeren Blätter und Triebe hellgrün bis gelb. Woran liegt das?**

Wenn von der Gelbfärbung zunächst nur die jüngeren Blätter betroffen sind und die Blattadern dabei bis in ihre Verästelungen dunkelgrün bleiben, deutet das auf einen **Eisenmangel** hin (→ Bild).

Eisen gehört zu den Spurenelementen, die Pflanzen für ein gesundes Wachstum benötigen. In der Regel enthalten normale Gartenböden Eisen in ausreichender Menge. Bei hohen pH-Werten (→ Seite 117) auf kalkhaltigen Böden wird das Eisen aber im Boden

Typische Symptome für einen Eisenmangel. Die vergilbenden Blätter sind zuerst an jungen Trieben zu sehen.

'AACHENER DOM'
Höhe: 60–80 cm
Breite: 60 cm
Gute und problemlose Einsteigersorte auch für halbschattige, raue Lagen.

'AMBIENTE'
Höhe: 60–80 cm
Breite: 50 cm
Besitzt regen- und hitzeverträgliche Blüten, wirkt auch hübsch als Stammrose.

'BANZAI'
Höhe: 70–90 cm
Breite: 60 cm
Besitzt regenfeste Blüten; gute Vasenrose; für temperamentvolle Beetgestaltungen geeignet.

'BARKAROLE'
Höhe: 100 cm
Breite: 50 cm
Rose mit zartem Duft und samtigen Blüten; eindrucksvolle Vasenrose.

'CHRISTOPH COLUMBUS'
Höhe: 60–80 cm
Breite: 60 cm
Auch für raue Klimalagen und gut für Kübelkultur geeignet.

'DUFTGOLD'
Höhe: 60–80 cm
Breite: 60 cm
Mit gutem, würzigem Duft und wetterunempfindlichen Blüten; schöne Vasenrose.

EDELROSEN

'ELINA'
Höhe: 70–90 cm
Breite: 70 cm
ADR-Sorte, hitzeverträgliche Blüten; starker
würziger Duft, gute Vasenrose.

'FOCUS'
Höhe: 60–80 cm
Breite: 60 cm
Sehr widerstandsfähiges Laub; gedeiht auch im
Kübel, gute Vasenrose.

'INSPIRATION'
Höhe: 70–80 cm
Breite: 40–50 cm
ADR-Sorte, sehr robust, gute Vasenrose;
auch als Hochstamm erhältlich.

'NOSTALGIE'
Höhe: 80–100 cm
Breite: 60 cm
Außergewöhnliche Farbgebung; auch als Kübel-
und Stammrose geeignet.

'PAROLE'
Höhe: 70–90 cm
Breite: 50 cm
Intensiver Duft, riesige Blüten; robustes Blatt-
werk; hervorragende Vasenrose.

'SEBASTIAN KNEIPP'
Höhe: 80–120 cm
Breite: 70 cm
Nostalgisch dicht gefüllte Blüten, intensiver
Duft; hitzeverträglich, auch für Kübel geeignet.

fixiert und steht den Wurzeln nicht mehr zur Verfügung. Man spricht hier auch von einer **Kalkchlorose**. Als Sofortmaßnahme empfehlen sich eisenhaltige Flüssigdünger, wie Fetrilon, die man am besten über das Laub ausbringt, also spritzt. Langfristig sollten Sie versuchen, den pH-Wert des Bodens durch sauer wirkende Düngemittel zu senken. Wichtig ist außerdem eine gute Bodenlockerung und -durchlüftung.

270. gelbe Blätter: Bei meiner frisch gepflanzten Rose werden die Blätter an den älteren Trieben zunächst hellgrün und vergilben dann. Woher kommt das, und was kann ich dagegen tun?

Die beschriebenen Merkmale sind ein Anzeichen für einen **Stickstoffmangel** (→ Bild).
Stickstoff (N) ist einer der wichtigsten Pflanzennährstoffe. Er wird vor allem für den Aufbau neuer Grünmasse benötigt. Steht er nicht in ausreichender Menge zur Verfügung, zieht ihn die Pflanze aus den älteren Trieben und Blättern ab. Das äußert sich zunächst im Aufhellen und dann Vergilben älterer Blätter. Auf Dauer reagiert die Pflanze auf Stickstoffmangel mit kümmerlichem Wuchs und bringt vorzeitig nur wenige kleine Blüten hervor.
Bei akuten Mangelerscheinungen sollten Sie die Rosen sofort mit einem flüssigen Mineraldünger düngen. Versorgen Sie sie langfristig in jedem Winter bzw. Frühjahr mit reifem Kompost oder bringen Sie im Frühjahr einen Rosenlangzeitdünger aus.

Bei Stickstoffmangel vergilben zunächst die Blätter und Triebe an den älteren Pflanzenpartien der Rose.

271. grauer Belag: Blüten, Knospen und Triebspitzen meiner Edelrose sind von einem grauen Belag überzogen. Was ist das? Was kann ich dagegen tun?

Dieses Schadbild (→ Bild) verursacht der **Grauschimmel**, ein Pilz, der auch unter dem Namen *Botrytis* bekannt ist. Die Knospen trocknen im Lauf der Zeit ein und fallen später ab. Die Blütenblätter zeigen außen

Hier hat sich Grauschimmel eingenistet. Entfernen Sie die Blüten sofort und entsorgen Sie sie über den Hausmüll.

oft rote, pockige Flecken. Der Erreger dringt gerne durch Wunden ein. Niedrige Temperaturen und hohe Luftfeuchte fördern seine Ausbreitung. Die beste Vorbeugung ist ein luftiger Standort. Schneiden Sie verwelkte Blüten laufend ab, vor allem bei längeren Regenperioden. Schneiden Sie befallene Pflanzenteile sofort ab, um eine weitere Ausbreitung des Pilzes möglichst zu verhindern.

272. hellgrüne Insekten: An meinen Rosen sitzen zahlreiche winzige, hellgrüne Insekten, die bei Berührung auffliegen oder wegspringen. Was sind das für Tiere? Schaden sie der Pflanze?

Die ungebetenen Gäste an Ihren Pflanzen sind **Rosenzikaden** (→ Bild Seite 208). Sie können hellgrün oder gelblich-weiß sein und sitzen vornehmlich auf den Blattunterseiten. Auf der Blattoberseite entstehen dadurch weiße Sprenkel (→ Bild Seite 234). Rosenzikaden lieben trocken-heiße Standorte und treten bevorzugt an vor Mauern gezogenen Kletterrosen auf.

Sie kommen in zwei Generationen vor. Die erste Generation erscheint von Mai–Juli, die zweite von August–September. Die zweite Generation legt ihre Eier in die Rosentriebe ab, wo sie dann überwintern. Schneiden Sie daher befallene Pflanzenteile noch im Herbst zurück.

Zur Bekämpfung können Sie Brennnesselbrühe (→ Seite 198) sprühen. Als vorbeugende Maßnahme empfiehlt sich eine zurückhaltende Stickstoffdüngung.

Rosenzikaden sind winzig und sitzen an der Blattunterseite. Man bemerkt sie erst, wenn sie aufspringen.

273. kompostieren: Kann ich krankes oder von Schädlingen befallenes Rosenlaub auf den Kompost werfen?

Auf gar keinen Fall! Krankes, geschädigtes oder auch nur vertrocknetes Schnittgut gehört nicht auf den Kompost, sondern in die Hausmülltonne.

Im Inneren einer richtig angelegten Kompostmiete treten zwar Temperaturen von mehr als 70 °C auf, die viele Krankheitserreger und auch die meisten Unkrautsamen abtöten. Dennoch überleben vor allem Pilzsporen diese »Wärmebehandlung« oft unbeschadet, so dass es nach dem Ausbringen des Kompostes auf die Beete zu einer Reinfektion der Pflanzen kommen kann. Hinzu kommt noch, dass – anders als in kommerziellen Großkompostieranlagen – viele Kompostmieten in Privatgärten zu klein sind oder auch nicht so gepflegt werden, dass wirklich alle Bereiche gleichmäßig durchwärmt werden. Dann können – vor allem in den Randbereichen der Komposthaufen – viele Schadorganismen oft doch überleben.

274. Krankheiten: Welche Krankheiten treten besonders häufig bei Rosen auf?

Am häufigsten leiden Rosen unter Pilzkrankheiten. Die verbreitetsten sind:

➤ **Sternrußtau:** Sternrußtau tritt fast jeden Spätsommer oder Herbst in mehr oder minder starker Ausprägung auf, und zwar bevorzugt nach feuchter Witterung. Nasse Blätter begünstigen den Befall. Die ersten Symptome sind unregelmäßige, mitunter sternförmige, braune bis schwarz-violette Flecken auf der Blattoberseite (→ Bild Seite 194). Schließlich vergilbt das erkrankte Laub und fällt ab, was bei starkem Befall zur vollständigen vorzeitigen Entlaubung führen kann. Die Pflanzen gehen geschwächt in den Winter. Die Erreger können in abgefallenen Blättern und Knospen überwintern.

➤ **Echter Mehltau:** Die Krankheit äußert sich durch einen weißen, mehligen Belag, der Triebspitzen, Knospen, Blätter und manchmal sogar Blütenblätter überzieht (→ Seite 212 und Bild Seite 235). Teilweise rollt sich das Laub ein. Echter Mehltau tritt gern im Spätsommer auf, wenn die Tage trocken und heiß verlaufen und von taureichen, luftfeuchten, kühlen Nächten gefolgt werden. Die Erreger können in abgefallenem Laub und Knospen überwintern.

➤ **Falscher Mehltau:** Bei dieser Pilzkrankheit zeigt sich zunächst auf den Blattunterseiten ein gräulichweißer Schimmelrasen. Oberseits erscheinen dunkle violette bis schwarze Flecken (→ Bild Seite 196). Später welken die Blätter und fallen schließlich ganz ab. Der Pilz entwickelt sich vor allem bei kühler, feuchter Witterung auf nassem Laub.

➤ **Rosenrost:** Den Befall mit Rosenrost erkennt man an den orange- bis rostfarbenen Flecken (→ Bild Seite 195) an der Blattoberseite. Später bilden sich an der Unterseite erst gelbe, dann braune und schwarze Pusteln. Der Erreger wird durch den Wind verbreitet und gedeiht besonders gut bei kühl-feuchtem Wetter und an Standorten, die diese Bedingungen bieten.

➤ **Grauschimmel:** Tragen Knospen und Triebspitzen einen grauen Belag (→ Bild Seite 207), handelt es sich um einen Befall mit Grauschimmelpilzen. Die Knospen trocknen nach und nach ein und fallen schließlich ab. An den Außenseiten der Blütenblätter erscheinen oft rote, pockige Flecken. Der Erreger dringt gerne durch Wunden ein und fühlt sich bei niedrigen Temperaturen und hoher Luftfeuchte besonders wohl.

275. Lavendel: **Ich habe gehört, Lavendel soll Rosen vor Blattläusen schützen. Stimmt das?**

Biogärtner schwören darauf, dass der Lavendel mit seiner hohen Konzentration an duftenden ätherischen Ölen insektenabwehrend wirkt. Die Wirksamkeit als Blattlausvertreiber im Rosenbeet hängt aber von mehreren Faktoren ab:
➤ Bei sehr hohem Befallsdruck wird der Schutz durch Lavendel nicht vollkommen sein.
➤ Außerdem muss der Lavendel in ausreichender Menge und in unmittelbarer Nähe der Rose stehen, damit das Aroma seine Wirkung entfalten kann. Zu dichtes Pflanzen empfiehlt sich jedoch auch wieder nicht, da der aus der Mittelmeerregion stammende Lavendel andere Ansprüche an Boden und Nährstoffversorgung stellt. Je heißer, trockener und karger er steht – nicht gerade die Traumbedingungen für Rosen – desto mehr Aroma entfaltet er.
➤ In unseren kühleren, nördlichen Breiten fällt der Gehalt an ätherischen Ölen meist wesentlich geringer aus als in der Heimat des Duftkrautes.

276. Marienkäfer: **Ich habe gehört, Marienkäfer seien gute Blattlausvertilger? Stimmt das?**

Ja, sowohl der Käfer, aber noch viel mehr seine Larven, fressen große Mengen an Blattläusen. Bis zu 800 Stück dieser kleinen Schädlinge vertilgt eine Larve während

Sympathieträger und guter Blattlausvertilger: der Marienkäfer.

ihrer nur 20-tägigen Lebenszeit. Man erkennt Marienkäferlarven an ihrer grau-blauen Färbung und den gelben Flecken (→ Bild 3, Seite 217).
Wer im Frühjahr zum Austrieb Insektizide spritzt, sollte wissen, dass von vielen dieser Präparate auch die Nützlinge vernichtet werden.

277. Mehltau: Woran erkenne ich Mehltaubefall, und was kann ich dagegen tun?

Sind Triebspitzen, Knospen und Blätter, teilweise sogar Blütenblätter, mit einem weißen, mehligen Belag überzogen (→ Bild Seite 235), können Sie davon ausgehen, dass Ihre Rose von Echtem Mehltau befallen ist. Zeigt sich auf der Blattunterseite ein weißlichgrauer Pilzrasen, während die Blattoberflächen vio-

Keine Angst, der hübsche Rosenkäfer verursacht keine nennenswerten Schäden an Ihren Rosen.

lett-schwarze Blattflecken tragen (→ Bild Seite 196), dann handelt es sich um den Falschen Mehltau.

➤ Die beste Vorbeugung besteht in der Pflanzung widerstandsfähiger Sorten und einer guten Standortwahl. Nasses Laub sollte schnell abtrocknen können.

➤ Lichten Sie die Pflanzen regelmäßig aus und gehen Sie zurückhaltend mit Stickstoffdüngern um.

➤ Vorbeugend können Sie zur Pflanzenstärkung Ihre Rosen mit Ackerschachtelhalm- oder Rainfarnbrühe (→ Seite 198) spritzen.

➤ Entfernen Sie erkrankte Triebe und entsorgen Sie das Falllaub im Herbst in der Mülltonne.

➤ Zur direkten Bekämpfung helfen nur handelsübliche Fungizide.

278. metallisch grüne Käfer: Auf unseren Rosenblüten sitzen immer wieder metallisch grüne oder bronzefarbene Käfer. Ich möchte die schönen Tierchen nicht töten. Sind sie schädlich für die Rose?

Dieses schillernde Insekt wurde sogar nach den Rosen benannt. Der **Rosenkäfer** (*Cetonia aurata*) kommt in den verschiedensten Färbungen von Grün über Blau oder Violett bis Bronzebraun vor, hat aber immer einen intensiven Metallglanz. Der ca. 2 cm große Käfer erscheint von April bis September. Er ernährt sich in der Hauptsache von Pollen und Nektar, frisst aber auch an Rosenknospen und offenen Blüten. Ein nennenswerter Rosenschädling ist er aber nicht. Der

Käfer ist auch häufig auf Doldenblüten anzutreffen. Die Entwicklung der Larven zum Käfer dauert 1–2 Jahre, je nach Witterung und erfolgt in der obersten Humusdecke des Bodens. Die Larven werden bis 5 cm lang und sind stark gekrümmt. Sie ernähren sich von Pflanzenwurzeln. In Deutschland zählt der Rosenkäfer zu den geschützten Käferarten.

279. Minen im Rosenblatt: Auf den Blättern meiner Rosen zeichnen sich feine Linien ab. Woher kommt das?

Bei diesen »Linien« handelt es sich um die Fraßgänge der Larven von Minierfliegen oder Miniermotten. Beide Insekten legen ihre Eier in die Oberseite der Blätter ihrer Wirtspflanze. Daraus entwickeln sich Raupen, die mit ihren Fraßgängen regelrechte Minen in die Rosenblätter ziehen, die sich als feine Linien bemerkbar machen und oft weißlich durchscheinen.
➤ **Miniermotten** ziehen ihre Miniergänge dabei entlang des Blattrandes oder quer über das ganze Blatt, auch über die Blattadern hinweg.
➤ **Minierfliegen** kreuzen meistens im Zickzack zwischen den Blattadern hin und her.
Beide Schädlinge sollten Sie durch zeitiges Entfernen des befallenen Holzes an der Ausbreitung hindern. Als biologische Bekämpfungsmaßnahme können Sie Schlupfwespen (→ Seite 216) einsetzen.

280. moosartige Bälle: An meinen Wildrosen entdecke ich immer wieder ballartige, bemooste Gebilde in den Blattachseln. Was ist das? Muss ich sie entfernen?

Diese interessante Erscheinung verursachen die **Rosengallwespen**, zierliche, 4–6 mm große Wespen mit einem roten, seitlich zusammengedrückten Hinterleib. Sie legen ihre Eier nur an Wildrosen ab. Nach

Im Innern dieser eigenartigen »Mooskugeln« entwickeln sich die Larven der Rosengallwespe.

der Eiablage beginnt das Pflanzengewebe zu wuchern, und an den Trieben entstehen vielkammrige, innen verholzte, außen moosartige, runde Bälle, so genannte Gallen. Man bezeichnet sie auch als Schlafapfel oder Rosenschwamm. In jeder Kammer entwickelt sich eine Larve, die sich gegen Sommerende verpuppt. Die Puppe überwintert. Im Frühjahr schlüpfen dann neue Gallwespen.

Die Gallen schädigen die Rosen eigentlich nicht. Wenn sie Sie aber stören, können Sie im Herbst die befallenen Triebe oder auch nur die Gallen abschneiden.

281. Neem-Öl: Ich habe gehört, dass Neem-Öl sehr wirksam gegen Schadinsekten sein soll. Stimmt das?

Die insektenabwehrende Wirkung des Neem-Öls ist in vielen Ländern Afrikas und Asiens unter der bäuerlichen Bevölkerung seit Generationen bekannt. Es wird zur Abwehr von Motten, Milben, Zecken und anderen Parasiten verwendet. Im Gartenbau zeigt es sowohl eine fraßhemmende als auch eine insektizide Wirkung auf Schädlinge. Sie beruht vor allem auf dem Wirkstoff des Triterpenoids Azadirachtin. Neem-Öl nimmt Einfluss auf die Hormone der Schadorganismen, was zu Häutungsstörungen und verkrüppelten Flügeln führen kann, aber auch zu reduzierter Nachkommenschaft. Für den Menschen ist Neem-Öl dabei völlig ungefährlich, und auch Bienen und viele Nützlinge zeigen keine oder nur geringe Reaktionen.

Spritzlösungen werden aus getrockneten und vermahlenen Samen hergestellt, die man mit Wasser versetzt. Der Fachhandel bietet eine Reihe fertiger Präparate auf Neem-Öl-Basis an.

282. Nützlinge: Welche Insekten sind gute Blattlausvertilger, und wie kann ich sie in meinen Garten locken?

Eine ganze Reihe von Tieren haben auf ihrem Speisezettel unter anderem Blattläuse stehen. Dazu gehören Vögel, Laufkäfer, Ohrwürmer, Raubwanzen und Spinnen. Zu den effizientesten Blattlausvertilgern, die sich schwerpunktmäßig auf Blattläuse als Nahrung spezialisiert haben, zählen aber vor allem folgende Insekten:

➤ **Florfliegen:** Sowohl das geflügelte erwachsene Tier (→ Bild 1, Seite 217), viel mehr aber noch deren Larven (→ Bild 2, Seite 217) verzehren große Mengen an Blättläusen. Eine einzige Larve kann während ihrer Entwicklung 300–400 Blattläuse vertilgen. Die Larven schlüpfen aus gelblichen Eiern, die an Blattunterseiten und Ästen aufgehängt sind. Nach nur 18 Tagen verpuppen sich die Larven und verwandeln sich in die zarten Flügelwesen.

Bieten Sie den erwachsenen Insekten Rückzugsmöglichkeiten für den Winter. Sie suchen gerne Unterschlupf in Schuppen, Gartenhäuschen oder Dachböden. Außerdem sollten Sie – vor allem im Frühjahr – auf Spritzungen mit Insektiziden, Fungiziden und ölhaltigen Präparaten verzichten.

➤ **Marienkäfer:** Der kleine, halbkuglige Käfer (→ Bild Seite 211), der je nach Art rot-schwarz, gelb-schwarz oder schwarz-rot gefärbt ist und auch noch in weiteren Farben auftreten kann, ernährt sich als Käfer, vor allem aber im Larvenstadium (→ Bild 3, Seite 217) vorwiegend von Blattläusen. Nach der Winterruhe sind Marienkäfer besonders hungrig, d. h., sie dezimieren Blattläuse schon kurz nach ihrem Auftreten an den Pflanzen im Frühjahr. Aus diesem Grund sollten Sie nach Möglichkeit auf frühe Insektizid-Spritzungen verzichten.

Wer den Käfern im Winter eine Laubschicht oder einen Gartenschuppen als Unterschlupf bietet, darf auch im Folgejahr auf ihre Unterstützung bei der Blattlausbekämpfung zählen.

➤ **Schlupfwespen:** Es gibt viele unterschiedliche Schlupfwespenarten. Die kleinen Insekten (→ Bild 4) sind 5–30 mm groß, haben eine Wespentaille und dunkle Flügelchen. Die Weibchen tragen einen Legestachel, mit dessen Hilfe sie ihre Eier in Blattläuse und deren Eier, aber auch in Larven und Puppen anderer Insekten legen. Die schlüpfenden Larven fressen ihren Wirt dann von innen her auf. Ein einziges Weibchen kann bis zu 1000 Läuse anstechen. Schlupfwespen überwintern verpuppt in ihren Wirten.

Inzwischen bietet der Fachhandel Schlupfwespen zur gezielten Schädlingsbekämpfung an.

➤ **Schwebfliegen:** Auch von Schwebfliegen gibt es eine ganze Anzahl verschiedener Arten. Das erwachsene Tier der Großen Schwebfliege z. B. (→ Bild 5) erinnert mit seinem schwarz-gelb gestreiften Körper an Wespen, bleibt aber mit etwa 7–15 mm Größe etwas kleiner. Schwebfliegen sind äußerst geschickte Flieger, die auch in der Luft stehen bleiben (schweben) können. Im Flug bewegen sie sich meist ruckartig vorwärts. Die Weibchen deponieren ihre Eier einzeln in Blattlauskolonien. Die etwa 20 mm langen, spindelförmigen Larven ernähren sich ausschließlich von Blattläusen, denen sie kräftig zu Leibe rücken. Während der 2–3 Wochen ihrer Entwicklungszeit konsumiert eine einzige Schwebfliegenlarve bis zu 800 Läuse, die sie mit ihren Mundwerkzeugen aufspießt und aussaugt. Bei günstiger Witterung können 2–3 Generationen im Jahr heranwachsen. Die erwachsenen Tiere ernähren sich von Nektar.

Schwebfliegen lieben besonders Doldenblütler, wie Dill, Liebstöckel oder Petersilie. Mit diesen Pflanzen können Sie sie gut anlocken. Verzichten Sie auf jeden Fall auch auf Frühjahrsspritzungen gegen Schädlinge.

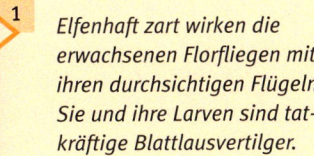

1 *Elfenhaft zart wirken die erwachsenen Florfliegen mit ihren durchsichtigen Flügeln. Sie und ihre Larven sind tatkräftige Blattlausvertilger.*

2 *Die Larven der Florfliege brauchen nur 18 Tage bis zur Verpuppung. Sie vertilgen in dieser kurzen Lebensspanne aber Hunderte von Blattläusen.*

3 *Marienkäferlarven sind mit ihren gelben Streifen auf graublauem Körper nicht zu verwechseln. Die Larven vertilgen mehr Blattläuse als der Käfer.*

4 *Mit ihrem Legestachel bringen Schlupfwespen ihre Eier in den Schädling ein. Die schlüpfenden Larven fressen ihn dann langsam von innen her auf.*

5 *Schwebfliegen legen ihre Eier in Blattlauskolonien ab. Die schlüpfenden grünlichen Larven ernähren sich ausschließlich von Blattläusen.*

283. Pflanzenjauchen: Biogärtner empfehlen Pflanzenjauchen als natürliche Dünge- und Pflanzenschutzmittel. Welche davon kann ich bei der Rosenpflege einsetzen, und wie stelle ich sie her?

So wie Heilkräuter in der Humanmedizin Verwendung finden, kann man Pflanzen und ihre Inhaltsstoffe auch für die Ernährumg und Gesundheitspflege der Gartenpflanzen nutzen. Biogärtner setzen daher auf Brühen (→ Seite 198), Jauchen und Tees (→ Seite 229), die man mit frischen Kräutern aus dem eigenen Garten oder getrockneten aus der Apotheke preiswert und einfach selbst herstellen kann. Sie finden als Düngemittel, Pflanzenstärkungsmittel oder sogar als Schädlingsbekämpfungsmittel ihren Einsatz.

➤ Verwenden Sie zur Jauchen-Herstellung am besten Regen- oder abgestandenes Leitungswasser und setzen Sie die Flüssigkeit in einem Holz-, Kunststoff- oder Steingutgefäß zusammen mit den zerkleinerten Kräutern an (→ Extratipp). Keine Metallgefäße verwenden, denn in ihnen finden unerwünschte chemische Reaktionen statt.

➤ Nach 2–3 Tagen eignet sich die frische, gärende Jauche zur Schädlingsabwehr. Man spritzt damit in einer Verdünnung von 1:50 die befallenen Pflanzen.

EXTRATIPP

Grundrezept Pflanzenjauche
Pflanzenjauchen stellt man stets mit kaltem Wasser her. Sie werden im Gegensatz zu Brühen nicht gekocht.
Man dosiert 1 kg frisches Kraut auf 10 l Wasser. Der Ansatz wird luftdurchlässig abgedeckt und an einem sonnigen Platz aufgestellt. Einmal täglich muss umgerührt werden, damit ausreichend Sauerstoff in das Gemisch gelangt. Nach 2–3 Tagen können Sie das Ganze als frische Jauche verwenden. Nach 10–14 Tagen ist die Jauche vergoren und ausgereift.

➤ Lässt man den Ansatz länger stehen, setzt sich die Gärung fort. Die unangenehmen Gerüche, die dabei entstehen, können Sie durch das Abstreuen der Oberfläche mit etwas Steinmehl reduzieren. Wenn die Jauche nicht mehr schäumt, ist sie fertig vergoren und nach dem Absieben reif für die Verwendung. Sie kann nun – je nach verwendetem Kraut – als Pflanzenstärkungs- oder Schädlingsbekämpfungsmittel oder als Dünger eingesetzt werden.

➤ **Beinwelljauche:** Beinwell oder Comfrey (*Symphytum officinale*) enthält viele Eiweißstoffe, Stickstoff, Kalium, Minerale und Spurenelemente. Beinwelljauche wird als Dünge- und Schädlingsbekämpfungsmittel verwendet.

➤ **Brennnesseljauche:** Frische Jauche, 1:50 mit Wasser verdünnt, spritzt man gegen Blattläuse und Spinnmilben. Vergorene Jauche wird 1:10 verdünnt. Sie gibt einen hervorragenden, stickstoffreichen Dünger ab, der direkt in den Wurzelbereich gegossen wird.

➤ **Farnkrautjauche:** Farnkrautjauche wird aus Wurmfarn (*Dryopteris filix-mas*) oder Adlerfarn (*Pteridium aquilinum*) hergestellt. Beide Pflanzen verfügen über einen hohen Kaliumgehalt. Die Jauche kann unverdünnt als Winterspritzung gegen Blatt-, Blut- und Schmierläuse verwendet werden. Man sagt ihr auch eine vorbeugende Wirkung gegen Rosenrost nach. Reine Adlerfarnjauche in einer Verdünnung von 1:10 können Sie im Frühling vorbeugend gegen Blattläuse spritzen. Später in der Saison kann man sie unverdünnt auf die Bodenoberfläche ausbringen – sie hält dann auch Schnecken fern.

Pflanzenstärkungsmittel: **Woraus bestehen Pflanzenstärkungsmittel, und schützen sie wirklich vor Krankheiten?**

Pflanzenstärkungsmittel bestehen aus nicht giftigen, natürlichen Substanzen, die auf unterschiedliche Art und Weise die Widerstandskraft der Rosen gegenüber

Pilzkrankheiten und Schädlingen steigern. Dazu gehören z. B. Brühen (→ Seite 198), Jauchen (→ Seite 218) und Tees (→ Seite 229), die man aus Kräutern und Wasser selbst herstellen kann. Ihre Wirkung beruht auf einer Kräftigung der Pflanzen. Das Gewebe und die Zellwände werden fester und können nicht so leicht von Krankheitserregern durchdrungen werden. Der Pflanzenstoffwechsel wird aktiviert, die Vitalität der Pflanze angeregt.

Pflanzenstärkungsmittel werden in der Regel über das Laub gespritzt. Sie wirken oft als sanfter Blattdünger und gleichzeitig als Insektenabwehr. Wer Stärkungsmittel nicht selbst herstellen kann oder will, findet im Fachhandel auch fertige Präparate, die ebenfalls nur natürliche Wirkstoffe enthalten, wie Algenextrakte, Aminosäuren, Proteine und Spurenelemente.

Um spürbare Erfolge zu erzielen müssen sie regelmäßig etwa alle 10–14 Tage ausgebracht werden – beginnend mit dem Austrieb im Frühjahr.

285. pilzresistente Sorten: Wir haben immer wieder mit Pilzbefall bei unseren Rosen zu tun. Gibt es keine pilzresistenten Rosensorten?

Eine wirklich pilzresistente Rosensorte gibt es nicht! Seit einigen Jahren konzentrieren sich die Züchter zwar verstärkt auf das Zuchtziel Gesundheit. Widerstandsfähiges Laub, das Pilzsporen lange trotzen kann, steht dabei an oberster Stelle, denn allzu lange wurde dieser Aspekt zugunsten von Blütenmerkmalen vernachlässigt. Was der Rose den Ruf einbrachte, kapriziös, empfindlich und pflegeintensiv zu sein. Das ADR-Prädikat (→ Seite 52) gibt heute eine wertvolle Orientierungshilfe, denn dieses Gütesiegel erhalten nur Varietäten, die die härteste Rosenprüfung der Welt bestanden haben, bei der Blattgesundheit inzwischen eines der wichtigsten Kriterien darstellt. Ist der Befallsdruck jedoch zu hoch, kann jede Sorte erkranken. Befallene Pflanzen in unmittelbarer Nachbarschaft, entsprechende Witterungsverhältnisse, ungünstige Standortbedingungen oder ein schlechter Ernährungszustand machen jede Rose anfällig. Widerstandsfähigkeit ist also ein relativer Begriff. Man kann nur sagen, dass manche Sorten unter ähnlich widrigen Bedingungen im Vergleich zu anderen den Erregern länger widerstehen.

286. Regenflecken: Auf unseren rosafarbenen Rosen bilden sich nach längeren Niederschlägen scharf umrandete, rote Flecken mit brauner Mitte. Woran liegt das? Hat das eventuell etwas mit dem Regen zu tun?

Ja. Prädestiniert für Regenflecken (→ Bild) sind vor allem helle Sorten, insbesondere rosafarbene und weiße, gelbe etwas weniger. Wenn nach niederschlagsreichen Phasen die Sonne wieder scheint, tauchen diese unschönen Verbräunungen an den Blüten auf. Sie sind zwar ärgerlich, schaden der Rose aber auch nicht. Wer sich sehr daran stört, sollte auf dunklere Blütenfarben ausweichen – rote und karminrosa Sorten sind davon weniger betroffen. Vielleicht gibt es auch ein regengeschütztes Plätzchen im Garten, etwa im Windschatten einer Mauer oder unter einem Dachvorsprung, das das Phänomen reduziert und hellen Sorten etwas Regenschutz bietet.
Es gibt außerdem eine Reihe heller Rosensorten (→ Info Seite 222), die auch unter regenreichen Bedingungen ihre attraktiven Blüten behalten.

Niederschläge und kurz darauf wieder volle Sonne – das ruft an hellen Rosensorten oft Regenflecken hervor.

287. Regenmumien: Wenn es längere Zeit regnet, schaffen es viele im Aufblühen begriffene Blüten an unserer Rose nicht mehr, sich zu entfalten. Kann ich dagegen etwas tun?

Vor allem stark gefüllte Sorten, wie sie unter den Nostalgie- und Romantikrosen zu finden sind, neigen oft einmal zur Bildung solcher »Mumien«. Der Fachmann sagt »die Blüte bleibt stecken«. Die inneren Blütenblätter können den Panzer der äußeren, verbräunten Blütenblätter nicht knacken. Dieser Panzer entsteht, wenn nach Regenfällen, die die umschließenden Blütenblätter aufweichen, bald wieder stark die Sonne scheint, das Gewebe dann verbrennt und hart wird. Versuchen Sie, die äußeren Blütenblätter vorsichtig mit den Fingern abzulösen. Häufig entfaltet sich die Blüte dann doch noch zu ihrer vollen Pracht.

288. Rindenflecken:

An den Trieben meiner Rose erscheinen an vielen Stellen rötlich-braune Flecken auf der Rinde. Was ist das? Kann ich dagegen etwas tun?

Die Flecken treten meist im Frühjahr an vorjährigen Trieben auf. Oft sind sie leicht eingesunken, manchmal reißt die Rinde der Länge nach auf. Die befallenen Triebe kümmern oberhalb der gefleckten Rinde und sterben schließlich ab. Die Ursache für diese

> **INFO**
>
> **Regenfeste helle Rosensorten**
> 'Aachener Dom'
> (rosa Edelrose)
> 'Angela'
> (rosa Strauchrose)
> 'Bonica'
> (hellrosa Beetrose')
> 'Centenaire de Lourdes'
> (rosa Strauchrose)
> 'Maxi Vita'
> (rosa-orange Beetrose)
> 'Simply'
> (hellrosa Flächenrose)
> 'The Fairy'
> (hellrosa Flächenrose)

Erkrankung, die so genannte **Rindenfleckenkrankheit**, sind Schadpilze. Sie befallen gerne weiche, nicht ausgereifte Triebe, wie sie z. B. nach zu reichlicher Düngung auftreten.

➤ Schneiden Sie befallenes Holz sofort ab.

➤ Achten Sie vorbeugend auf die Holzreife, d. h., geben Sie nach dem 15. Juli keinen Stickstoffdünger mehr, dafür im Herbst eine Kaliumgabe.

➤ Zu frühes Anhäufeln als Winterschutz fördert den Pilzbefall ebenfalls. Häufeln Sie Ihre Rosen erst an, wenn starker Nachtfrost angesagt ist.

➤ Entfernen Sie im Frühjahr die Winterabdeckung so bald wie möglich und sorgen Sie für eine gute Durchlüftung der Pflanze.

289. Rote Spinne: **Mein Nachbar diagnostiziert an meinen Kletterrosen an der Garagenwand Rote Spinne. Was kann ich gegen diesen Schädling tun?**

Rote Spinnen, besser noch als Spinnmilben bekannt (→ Bild 4, Seite 225), lieben trocken-heiße Standorte. Sie treten daher besonders häufig an Rosen auf, die vor Südwänden stehen. Am besten man meidet solche Plätze als Standort.

➤ Wenn Sie Ihre Rosen nicht mehr umpflanzen können oder wollen, dann sollten Sie auf alle Fälle für eine gute Durchlüftung des Kletterstrauchs sorgen und auf eine optimale Wasserversorgung achten.

➤ Schneiden Sie befallene Triebe aus und entsorgen Sie sie in der Mülltonne, ebenso das Schnittgut des Frühjahrsschnitts.

➤ Als biologische Bekämpfungsmaßnahmen kommen vorbeugende Spritzungen mit Ackerschachtelhalmbrühe (→ Seite 198) oder mit Brennnesseljauche (→ Seite 218) infrage. Auch der Einsatz von Raubmilben (im Fachhandel zu erwerben) hat sich bewährt.

➤ Im Extremfall helfen jedoch nur noch chemische Schädlingsbekämpfungsmittel.

290. Schädlinge: Welches sind die häufigsten und schlimmsten Rosenschädlinge?

Als Bestandteil des Gartens und der Natur werden Rosen natürlich von zahlreichen tierischen Gästen besucht und benutzt. Man denke nur an Bienen, die die Bestäubung übernehmen.

Folgende tierische Organismen treten an Rosen sehr häufig auf und können sie bei starkem Befall auch nachhaltig schädigen:

➤ **Blattläuse:** Grüne, gelbliche, schwarze und manchmal auch rote Blattläuse (→ Bild 1) treten in jedem Frühjahr im Garten und gerne auch an Rosen auf. Sie besiedeln die jungen Triebspitzen, Knospen und die Unterseiten der Blätter und legen dort auch ihre Eier ab. Sie stechen die Leitungsbahnen an und ernähren sich saugend von den Pflanzensäften. Bekämpfungsmaßnahmen → Seite 197.

➤ **Blattrollwespe:** Die Blattrollwespe (→ Bild 2) fällt in der Regel nicht auf. Sie ist nur 3–4 mm groß und schwärzlich gefärbt. Ab Ende April legt sie ihre Eier in die Blattränder der Rosen, die daraufhin das typische Schadbild (→ Bild Seite 200) entwickeln: zigarrenförmig nach unten eingerollte Blätter. In diesem Schutz entwickeln sich die weißlich bis hellgrünen Larven. Bekämpfungsmaßnahmen → Seite 200.

➤ **Dickmaulrüssler:** Die Käfer (→ Bild 3) werden Sie tagsüber nicht zu Gesicht bekommen. Wenn sie jedoch in größeren Mengen vorkommen, fallen die buchtenförmig angefressenen Rosenblätter sofort ins Auge (→ Bild Seite 191). Schädlicher als die Käfer sind die Larven, die im Boden leben und sich von den Wurzeln ernähren. Bekämpfungsmaßnahmen → Seite 191.

➤ **Rote Spinne (Spinnmilben):** Die orangeroten, im Sommer auch gelblich-grünen Spinnentierchen (→ Bild 4) von 0,5 mm Länge sind kaum zu erkennen. Sie sitzen an den Blattunterseiten und saugen dort Saft aus den Blättern. Dabei überziehen sie sie mit einem feinen weißen Gespinst. An der Blattoberseite zeigen

1 BLATTLÄUSE
In überschaubaren Mengen schaden Blattläuse nicht. Im Frühjahr treten sie jedoch mitunter massenweise auf.

2 BLATTROLLWESPE
Ihr Vorhandensein bemerkt man in der Regel erst an den eingerollten Blättern, in denen die Larven heranwachsen.

3 DICKMAULRÜSSLER
Der Käfer frisst Buchten in die Blätter. Seine im Boden lebenden Larven schädigen die Wurzeln der Rosen.

4 SPINNMILBEN
Spinnmilben überziehen die Blattunterseiten mit einem weißen Gespinst. Sie selbst sind aber kaum zu erkennen.

5 TRIEBBOHRER
Die Larven treiben ihr Unwesen im Innern der Stängel und sorgen dafür, dass ganze Triebe absterben.

sich zunächst gelbe Sprenkel, später verbräunt das ganze Blatt und fällt vorzeitig ab. Bekämpfungsmaßnahmen → Seite 223.

➤ **Rosenzikaden:** Die kleinen, hellgrünen oder gelblich-weißen Fluginsekten (→ Bild Seite 208) sind nur etwa 3 mm lang. Bei Störung springen sie weg oder fliegen auf. Sie sitzen vornehmlich auf den Blattunterseiten, wo sie am Laub saugen. Dadurch entstehen auf der Blattoberseite weiße Sprenkel (→ Bild Seite 234). Bekämpfungsmaßnahmen → Seite 234.

➤ **Triebbohrer:** Beim Rosentriebbohrer handelt es sich um eine Blattwespenart, deren etwa 12 mm lange, weiße Larven sich in den Trieben durch das weiße Mark fressen (→ Bild 5, Seite 225). Die Spitzen der befallenen Triebe welken daraufhin und hängen schlapp nach unten. Man unterscheidet den abwärts- und den aufwärtssteigenden Triebbohrer. Die Larven verlassen den Trieb durch ein Bohrloch (→ Bild Seite 231), das oft über einem Blattansatz oder unter einem Stachel zu finden ist.

Bekämpfungsmaßnahmen → Seite 231.

291. Schildläuse: Woran kann ich einen Schildlausbefall erkennen, und was kann ich gegen diese Schädlinge unternehmen?

Schildläuse (→ Bild) saugen bevorzugt an verholzten Trieben und Zweigen, gelegentlich aber auch an den Blättern. Sie scheiden, wie Blattläuse auch, eine klebrige Flüssigkeit aus (Honigtau), auf der sich gerne

> *Schildläuse sind – wie der Name schon sagt – mit einem Schild versehen, unter dem sie wirkungsvoll geschützt sind.*

schwarze Rußtaupilze (→ Seite 228) ansiedeln. Oftmals wird man dadurch erst auf die Schädlinge aufmerksam. Bei starkem Befall mit Schildläusen kümmert die ganze Pflanze.

Schildläuse treten besonders bei trockenen, heißen und windstillen Bedingungen massenhaft auf, z. B. an Kletterrosen, die im Regenschatten von Mauern, unter Dachvorsprüngen oder vor Südwänden stehen. Sprühen Sie die befallenen Pflanzenteile mit Paraffin- oder Rapsöl (→ Seite 193) ein.

292. schwarze Blütenblattränder: Die Blütenblattränder meiner rot blühenden 'Nina Weibull' werden schwarz und vertrocknen? Woran liegt das?

Bei dem von Ihnen beschriebenen Schaden handelt es sich um einen **Sonnenbrand** (→ Bild). Diese Symptome sind vor allem an roten Sorten zu beobachten, die an sehr sonnigen, heißen Plätzen stehen. Die dunklen Blütenblätter können die einfallende Strahlung kaum reflektieren, sondern setzen sie überwiegend in Wärme um – und das führt dann zu Verbrennungserscheinungen an den Blüten.

➤ Pflanzen Sie – wenn irgend möglich – von vornherein dunkel blühende Rosen an einen nicht zu sonnigen und heißen Standort.

➤ Sorgen Sie für einen lockeren Boden und möglichst gleichmäßige Bodenfeuchtigkeit, vor allem bei längeren Hitze- oder Trockenperioden.

Selbst solche Sonnenanbeter wie Rosen können unter Sonnenbrand leiden. Besonders anfällig sind rote Sorten.

Rußtaupilze treten oft im Gefolge von Blatt- oder Schildläusen auf, auf deren Ausscheidungen sie sich ansiedeln.

293. schwarzer Belag auf den Blättern: Meine Strauchrose hatte Blattläuse, die ich jedoch erfolgreich bekämpft habe. Nun haben die Blätter einen schwarzen Belag. Was ist das?

Das beschriebene Phänomen ist eine häufige Folge bei oder nach Blatt- oder Schildlausbefall. Die Läuse scheiden eine zuckerhaltige Flüssigkeit, den so genannten Honigtau, ab. Auf dieser nahrhaften Grundlage siedeln sich sehr gerne **Rußtaupilze** an. Zunächst sind auf den Blättern nur glänzende, lackartige Tröpfchen zu sehen, die sich aber schnell mit einem schwarzen Pilzrasen überziehen.

➤ Sie können Rußtaupilzen nur vorbeugen, indem Sie Blatt- und Schildläuse bekämpfen. Mit Schmierseifenlösung (→ Seite 193) können Sie die unschön geschwärzten Blätter reinigen.

294. Spitzenwelke: Etliche Triebe meiner Rose beginnen von der Spitze her welk zu werden, obwohl die Pflanze ausreichend Wasser hat. Was kann ich dagegen tun?

Welke, schlapp nach unten hängende Triebspitzen weisen oftmals auf die Fraßtätigkeit des **Rosentriebbohrers** hin (→ Bild 5, Seite 225). Die Larven dieser Blattwespe fressen sich durch das weiße Mark junger, saftiger Triebe, die daraufhin absterben.

➤ Man bekämpft sie am besten, indem man befallene Triebe frühzeitig bis ins gesunde Holz zurückschneidet und entsorgt. Das verhindert zumindest die weitere Ausbreitung des Rosentriebbohrers. Spritzungen sind nicht sinnvoll.

295. systemische Pflanzenschutzmittel: Ein Nachbar empfiehlt mir zur Schädlingsbekämpfung die Anwendung »systemischer Pflanzenschutzmittel«. Was ist das?

Systemische Mittel werden meistens, wie alle anderen Pflanzenschutzmittel auch, über das Laub gespritzt. Während so genannte Kontaktmittel jedoch nur die Insekten töten, die sie treffen, dringen systemische Mittel über die Spaltöffnungen im Laub ins Innere der Pflanze ein und werden über den Saftstrom in der gesamten Pflanze verteilt. So werden auch versteckt sitzende Schädlinge erreicht, die von der Spritzbrühe nicht direkt getroffen wurden und der Neuzuwachs geschützt. Systemische Pflanzenschutzmittel werden auch nicht vom Regen abgewaschen, sie wirken unabhängig von Witterungseinflüssen.

296. Tee: Ich habe gehört, dass man als Stärkungs-, aber auch Bekämpfungsmittel bestimmte Tees in der Rosenkultur einsetzen kann? Welche sind das, und wie stellt man sie her?

Tees haben, ähnlich wie Pflanzenjauchen (→ Seite 218) und Pflanzenbrühen (→ Seite 198) – je nach verwendetem Kraut – verschiedene vorbeugende, gesundheitsfördernde und teilweise sogar schädlingsbekämpfende Wirkungen.
Ihre Herstellung ist denkbar einfach. Nützliche Tees für die Rosenkultur sind:
➤ **Wermut-Tee:** Der hocharomatische Wermut (*Artemisia absinthium*) hat schädlingsabwehrende Wirkung. Man überbrüht 300 g frisches Kraut oder 30 g getrocknete Substanz mit 10 l siedendem Wasser, lässt

den Sud 10–15 Minuten ziehen und seiht ihn dann ab. Dreifach mit Wasser verdünnt, spritzt man ihn dann im Juni/Juli gegen Blattläuse.

➤ **Zwiebel-Knoblauch-Tee:** Zwiebelgewächse (*Allium*-Arten) enthalten schwefelige ätherische Öle und haben nachweislich desinfizierende, antibiotische und keimhemmende Wirkung. Für den Tee verwendet man 75 g gehackte Zwiebeln oder Knoblauchzehen, überbrüht sie mit 10 l Wasser und lässt das Ganze mindestens 5 Stunden ziehen. Unverdünnt gespritzt wirkt dieser Tee gegen Milben und Pilzkrankheiten.

297. Thripse: An welchen Symptomen erkennt man den Befall mit Thripsen, und was kann man gegen den Schädling unternehmen?

Thripse, auch Blasenfüße genannt, sitzen bei Rosen gerne an blühreifen Knospen, befallen aber auch Blätter und Triebspitzen. Die äußeren Blütenblätter reagieren mit Verbräunungen und verkrüppeln. Auf den Blattoberseiten des Laubs entstehen durch die Saugtätigkeit der Insekten mit Luft gefüllte, silbrig-helle Zellen. Die Tierchen sitzen gerne an den Blattunterseiten in Gruppen in der Nähe der Blattnerven zusammen. Sie sind 1–2 mm groß und können hell, schwarz oder quer gestreift sein (→ Bild). Stört man sie, springen sie auf. Thripse kommen besonders an trocken-heißen Standorten vor.
Florfliegenlarven, Marienkäfer, Schwebfliegen, Raubmilben und Spinnen gehören zu ihren natürlichen

Die kleinen, schmalen Thripse verursachen verkrüppelte Blüten und silbrig-graue Flecken auf den Blättern.

Feinden. Sie lassen sich außerdem mit Knoblauch-Tee (→ Seite 230), Brennnesseljauche (→ Seite 219), Schmierseifenlösung (→ Seite 193) oder Neem-Öl (→ Seite 214) bekämpfen.

298. Triebsterben: Die Triebe meiner Strauchrose welken und trocknen ein. Jetzt habe ich auch Bohrlöcher gefunden. Welcher Schädling hat sich hier eingenistet?

> *Wenn Jungtriebe welken und Sie dann noch solch ein Bohrloch finden, dann war der Rosentriebbohrer zugange.*

Bei dem beschriebenen Schadbild kann es sich eigentlich nur um einen Befall mit dem **Rosentriebbohrer** (→ Seite 226) handeln. Die Larven dieses Schädlings fressen das Mark junger Triebe und verlassen oft über einem Blattansatz oder unter einem Stachel den ausgefressenen Trieb (→ Bild).
Schneiden Sie befallene Triebe so rasch wie möglich ab und entsorgen Sie sie in der Mülltonne. So können Sie die Ausbreitung des Schädlings in Grenzen halten.

299. Triebsterben: An unserer Strauchrose 'Frühlingsgold' zeigten sich zunächst welke Spitzen, jetzt sterben ganze Triebe ab. Was ist die Ursache, und was kann man dagegen tun?

Die beschriebenen Symptome weisen auf die **Valsakrankheit** hin. Sie wird von einem Pilz verursacht und befällt hauptsächlich frühblühende Rosensorten sowie die Chinesische Goldrose (*Rosa hugonis*). Im schlimmsten Fall kann die ganze Pflanze absterben. Entfernen Sie erkrankte Triebe frühzeitig. Achten Sie darauf, beim jährlichen Schnitt keine Zapfen stehen zu lassen. Forsythien und Steinobstarten in der Nachbarschaft begünstigen den Befall.

300. Viruserkrankung: Ich habe gehört, dass es gegen Viruserkrankungen bei Rosen keinerlei Mittel gibt. Stimmt das?

Das ist richtig. Viren können nicht mit Pflanzenschutzmitteln bekämpft werden. Meist ruft eine Infektion mosaikartige, gelb-grüne Blattverfärbungen hervor (→ Bild Seite 233). Es treten aber auch ringförmige Muster, Verdickungen, Verdrehungen, Verformungen oder Zwergenwuchs auf. Die Pflanzen werden dadurch stark geschwächt. Allerdings spielen Viruserkrankungen bei Rosen keine große Rolle. Gelegentlich tritt das **Rosenmosaikvirus** auf, erkennbar an gelbgrünen Flecken, das **Gelbmosaikvirus**, das gelbliche, teilweise in Bändern angeordnete Flecken verursacht, sowie das **Rosenwelkevirus**, das zur kompletten Blattvergilbung führt.
Übertragen werden Viren durch saugende Insekten und infizierte Schnittwerkzeuge. Letztere sollte man durch Abflämmen desinfizieren. Vor dem Weitertragen des Virus schützt nur die Rodung der Pflanze.

301. vorbeugen: Gibt es vorbeugende Maßnahmen, die Rosen vor Pilz- und Schädlingsbefall schützen?

Vorbeugen ist besser als heilen. Dieser Grundsatz gilt auch für die Rosenpflege. Schließlich bedeutet jeder Einsatz von Fungiziden oder Schadlingsbekampfungsmitteln einen massiven Eingriff in das natürliche Gleichgewicht des Gartens. Nicht selten werden dabei auch Nützlinge dezimiert oder andere unerwünschte

Konsequenzen ausgelöst. Das können Sie vorbeugend für die Gesundheit Ihrer Rosen tun:

➤ Beim Einkauf kräftige, unbeschädigte, gesunde Exemplare aussuchen.

➤ Einen passenden Standort wählen: nährstoffreich, sonnig, luftig, ohne stauende Hitze.

➤ Während der Saison für eine ausgewogene Ernährung sorgen. Mängel müssen behoben, Überdüngung – vor allem mit Stickstoff – jedoch vermieden werden. Beides macht die Pflanzen anfällig.

➤ Wassergaben (→ Seite 147) stets direkt auf den Boden geben, Rosen nie über das Laub gießen. Nasse Blätter sind anfällig für Pilzkrankheiten.

➤ Erkranktes, befallenes und abgestorbenes Holz stets frühzeitig ausschneiden.

➤ Nützlinge (→ Seite 215) in den Garten locken. Bieten Sie Vögeln, Spinnen, Käfern und Insekten attraktive Lebensbedingungen und Unterschlupfmöglichkeiten, dann halten sie Schädlinge in Grenzen.

➤ Regelmäßig Pflanzenstärkungsmittel (→ Seite 219) spritzen.

302. vorbeugender Schnitt: Meine Rosen waren in der letzten Saison stark von Pilzkrankheiten befallen. Muss ich sie vor dem nächsten Austrieb stark herunterschneiden, um einen Neubefall zu vermeiden?

Viele Pilzsporen können tatsächlich in Knospen überwintern. Will man dieses Problem allerdings über

Bei diesen mosaikartigen Blattverfärbungen handelt es sich ganz eindeutig um den Befall mit einem Virus.

den Schnitt lösen, müsste man die Rose radikal herunterschneiden, bis kurz über die Veredlungstelle, und den Strauch völlig neu aufbauen. Es versteht sich von selbst, dass die Rose solch harte Einschnitte nicht allzu oft verträgt. War der Befall in der vorangegangenen Saison wirklich sehr stark, besteht außerdem die Gefahr, dass Pilzsporen auch im Boden, im Falllaub oder auf Nachbarpflanzen überwintert haben und die Rose damit wieder neu infiziert werden kann.

Eine Alternative zum Radikalrückschnitt wäre eine Austriebsspritzung mit Fungiziden, die die Reinfektion sozusagen »im Keim« erstickt und die Neutriebe schützt. Achten Sie dabei jedoch auf nützlingsschonende Mittel!

303. weiße Sprenkel: Ich bemerke seit einiger Zeit an den Blattoberseiten meiner Rosen eine weiße Sprenkelung? Wenn ich die Blätter anfasse, fliegen kleine, weiß-grünliche Tierchen auf. Verursachen diese Tierchen die Blattverfärbung?

Ja. Bei den kleinen geflügelten Wesen handelt es sich um **Rosenzikaden** (→ Bild Seite 208). Die kleinen Insekten sitzen saugend an den Blattunterseiten, dadurch entstehen auf der Blattoberseite die beschriebenen weißen Sprenkel (→ Bild). Bei starkem Befall kann auch das Wachstum eingeschränkt sein. Rosenzikaden kommen bevorzugt an trocken-heißen Plätzen vor.

Bekämpfung → Seite 208.

Solche unregelmäßig weiß gesprenkelten Blattoberseiten sind ein Zeichen für den Befall mit Rosenzikaden.

304. weißer Belag: **Meine Rosen haben im Sommer oft einen weißen Belag auf Triebspitzen, Blättern und Blüten. Was ist das?**

Ihre Beschreibung deutet auf einen Befall mit **Echtem Mehltau** hin (→ Seite 209 und 212). Echter Mehltau tritt gern im Spätsommer auf, wenn die Tage trocken und heiß verlaufen und von taureichen, luftfeuchten, kühlen Nächten gefolgt werden. Er gehört zu den häufigsten Rosen-Pilzkrankheiten. Bekämpfungsmaßnahmen → Seite 213.

Dieser mehlig weiße Belag auf den Blütenknospen ist eine Pilzerkrankung, und zwar Echter Mehltau.

305. weißes Gespinst: **Einige Blätter und Knospen an meiner Rose sind von einem feinen, weißen Gespinst umwebt. Was ist die Ursache?**

Hierfür kommen zwei Kandidaten infrage:
➤ **Spinnmilben:** Spinnmilben (→ Bild 4, Seite 225) überziehen bei starkem Befall die Blattunterseiten mit einem feinen weißen Gespinst. An der Oberseite zeigen sich zunächst gelbe Sprenkel, später verbräunt das ganze Blatt und fällt vorzeitig ab. Bekämpfungsmaßnahmen → Seite 223.
➤ **Rosenwickler:** Die Raupen dieses Schädlings verursachen im Frühjahr Fraßschäden an Knospen, Trieben und jungen Blättern. An den Triebspitzen sind ein oder mehrere Blätter zusammengerollt und miteinander versponnen. Hier haben sich die Larven zum Verpuppen eingesponnen. Sie sollten Gespinste und Raupen beim Entdecken sofort entfernen.

WEISSE ROSEN

SORTENNAME	WUCHSFORM	HÖHE
'Alabaster'	Beetrose	60–90 cm
'Alba Meidiland'	Flächenrose	60–70 cm
'Aspirin'	Beet-/Flächenrose	50–70 cm
'Blanche Moreau'	Alte Rose	100–150 cm
'Diamant'	Beetrose	50–60 cm
'Elfe'	Kletterrose	250–300 cm
'Glamis Castle'	Englische Rose	80–100 cm
'Honey Milk'	Zwergrose	40–50 cm
'Ilse Krohn Superior'	Kletterrose	200–300 cm
'Memoire'	Edelrose	60–80 cm
'Nemo'	Flächenrose	60–90 cm
'Venusta Pendula'	Rambler	500–600 cm

GELBE ROSEN

SORTENNAME	WUCHSFORM	HÖHE
'Berolina'	Edelrose	100–130 cm
'Candlelight'	Edelrose	80–100 cm
'Cappuccino'	Edelrose	50–70 cm
'Friesia'	Beetrose	50–70 cm
'Ghislaine de Feligonde'	Strauch-/Kletterrose	200–250 cm
'Golden Gate'	Kletterrose	200–250 cm
'Goldjuwel'	Zwergrose	40–50 cm
'Graham Thomas'	Englische Rose	120–150 cm
'Loredo'	Beet-/Flächenrose	60–70 cm
'Sedana'	Flächenrose	60–70 cm
'The Pilgrim'	Englische Rose	120–150 cm
'Yellow Romantica'	Strauchrose	120–150 cm

BLÜH-RHYTHMUS	DUFT	BESONDERHEITEN
öfterbl.	–	stark gefüllt, dichter Wuchs
öfterbl.	–	stark gefüllt, robust
öfterbl.	–	ADR, bei kühlem Wetter rosa
einmalbl.	intensiv, würzig	dicht gefüllt, luftig pflanzen
öfterbl.	–	ADR, halb gefüllt
öfterbl.	guter Duft	grünlich-weiß, nostalgisch dicht gefüllt
öfterbl.	nach Myrrhe	stark gefüllt, kompakter Wuchs
öfterbl.	–	ist für etwas Windschutz dankbar
öfterbl.	guter Duft	edelrosenartige Blüte, frosthart
öfterbl.	Teerosenduft	sehr dunkles Laub, schmaler Wuchs
öfterbl.	–	ADR, halb gefüllte Blüte
einmalbl.	–	erklimmt Bäume, sehr frosthart

BLÜH-RHYTHMUS	DUFT	BESONDERHEITEN
öfterbl.	–	ADR, große Blüte, rötlich überhaucht
öfterbl.	intensiv	nostalgisch dicht gefüllt, gute Vasenrose
öfterbl.	zart, würzig	dicht gefüllt, schöne Stammrose
öfterbl.	intensiv	robust, toleriert arme Böden
öfterbl.	zart	Farbe changiert von Weiß bis Apricot
öfterbl.	guter Duft	ADR, vital und robust
öfterbl.	–	Blüte lange haltbar
öfterbl.	teerosenartig	verträgt auch Halbschatten
öfterbl.	–	ADR, guter Bodendecker
öfterbl.	–	halb gefüllt, robust
öfterbl.	teerosenartig	dicht gefüllt, wirkt sehr zart
öfterbl.	guter Duft	dicht gefüllt, romantisches Flair

APRICOT- UND ORANGEFARBENE ROSEN

SORTENNAME	WUCHSFORM	HÖHE
'Albrecht Dürer'	Edelrose	70–90 cm
'Alchymist'	Kletterrose	200–350 cm
'Apricot Parfait'	Englische Rose	100–120 cm
'Barock'	Kletterrose	250–300 cm
'Caramella'	Strauchrose	100–120 cm
'Crown Princess Margerita'	Englische Rose	130–150 cm
'Cubana'	Flächenrose	50–60 cm
'Fairest Cape'	Edelrose	70–90 cm
'Gebrüder Grimm'	Beetrose	70–100 cm
'Pat Austin'	Englische Rose	100–120 cm
'Vinesse'	Beetrose	50–60 cm

ROTE ROSEN

SORTENNAME	WUCHSFORM	HÖHE
'Black Magic'	Edelrose	80–100 cm
'Burghausen'	Strauchrose	150–200 cm
'Duftzauber'	Edelrose	60–80 cm
'Erotika'	Edelrose	100–120 cm
'Kronjuwel'	Beetrose	60–80 cm
'La Sevillana'	Flächenrose	60–80 cm
'L.D. Braithewaite'	Englische Rose	100–120 cm
'Maidy'	Zwergrose	30–40 cm
'Sommerabend'	Flächenrose	30–40 cm
'Sympathie'	Kletterrose	200–400 cm
'Triade'	Strauchrose	120–150 cm

BLÜH-RHYTHMUS	DUFT	BESONDERHEITEN
öfterbl.	starker Duft	pfirsichorange-pink, nostalgisch
einmalbl.	intensiv	gelb-orange bis apricotfarben, nostalgisch
öfterbl.	sehr intensiv fruchtig	pastellig apricotfarben, Synonym 'Evelyn'
öfterbl.	süß-herb	apricot-gelb, nostalgisch
öfterbl.	–	gelb-orange, nostalgisch dicht gefüllt
öfterbl.	intensiv fruchtig	apricot-orange, robust
öfterbl.	–	apricot-rosa, so breit wie hoch
öfterbl.	guter Duft	innen gelborange, außen rosa
öfterbl.	–	ADR, orange mit gelben Maserungen
öfterbl.	intensiver Teerosenduft	leuchtend kupfer-orange, Schalenblüte
öfterbl.	–	ADR, erst orange-rosa, später gelb-orange

BLÜH-RHYTHMUS	DUFT	BESONDERHEITEN
öfterbl.	–	samtig dunkelrot, dunkles Laub
öfterbl.	–	ADR, hellrot, frosthart, vital
öfterbl.	guter Duft	samtig dunkelrot
öfterbl.	intensiv würzig	dunkelrot, frosthart
öfterbl.	–	ADR, halb gefüllt, hitzebeständig
öfterbl.	–	ADR, blutrot, robust
öfterbl.	zarter Duft	leuchtend rot, dicht gefüllt
öfterbl.	–	blutrot, Blüten lange haltbar
öfterbl.	–	ADR, einfache Blüte, Bodendecker
öfterbl.	–	ADR, samtrot, wetterfest
öfterbl.	–	ADR, leuchtend rot, hitze- und regenfest

HELLROSA ROSEN

SORTENNAME	WUCHSFORM	HÖHE
'Bad Birnbach'	Beetrose	40–50 cm
'Bingo Meidiland'	Flächenrose	50–80 cm
'Bonica'	Beet-/Flächenrose	60–80 cm
'Brother Cadfael'	Englische Rose	100–120 cm
'Compassion'	Kletterrose	200–300 cm
'Dortmunder Kaiserhain'	Strauchrose	90–120 cm
'Frederic Mistral'	Edelrose	70–90 cm
'Heideröslein Nozomi'	Flächenrose	30–50 cm
'History'	Edelrose	50–80 cm
'Jacques Cartier'	Alte Rose	120–150 cm
'Kir Royal'	Kletterrose	200–300 cm
'Königin von Dänemark'	Alte Rose	130–180 cm
'Maiden´s Blush'	Alte Rose	120–180 cm
'Mariatheresia'	Beetrose	70–90 cm
'Mary Rose'	Englische Rose	120–150 cm
'Mrs. John Laing'	Alte Rose	150–200 cm
'Raubritter'	Strauch-/Kletterrose	200–300 cm
'Rosenfee'	Beetrose	60–80 cm
'Rosmarin 89'	Zwergrose	20–30 cm
'Saremo'	Strauchrose	100–120 cm
'Simply'	Flächenrose	80–100 cm
'Souvenir de la Malmaison'	Alte Rose	60–80 cm
'Sugar Baby'	Zwergrose	30–50 cm
'The Fairy'	Flächen-/Beetrose	50–70 cm
'The Queen Elizabeth Rose'	Edelrose	100–150 cm

BLÜH-RHYTHMUS	DUFT	BESONDERHEITEN
öfterbl.	-	ADR, auch für Kübelkultur
öfterbl.	-	ADR, regen-, hitze- und frostfest
öfterbl.	-	ADR, sehr robust und vielseitig
öfterbl.	intensiv	riesige pfingstrosenähnliche Blüten
öfterbl.	intensiv	ADR, robust und frosthart
öfterbl.	-	robust, auch guter Bodendecker
öfterbl.	intensiv	dicht gefüllt, luftig pflanzen
einmalbl.	-	schwachwüchsig, niederliegender Bodendecker
öfterbl.	-	dicht gefüllt, auch gut für Kübelkultur
remontierend	intensiv	dicht gefüllt, geviertelt, robust
remontierend	-	ADR, stark gefüllt, gesprenkelte Blüte
einmalbl.	intensiiv	dicht gefüllt, geviertelt, sehr frosthart
einmalbl.	intensiv süß	dicht gefüllt, toleriert Halbschatten und Frost
öfterbl.	zart	nostalgisch dicht gefüllt, dunkles Laub
öfterbl.	intensiv süß	locker gefüllt, gekrauste Petalen
remontierend	intensiv	stark gefüllt, fast stachellos
einmalbl.	zart	Blüte kugelig, locker gefüllt
öfterbl.	intensiv	nostalgisch dicht gefüllt, gesund
öfterbl.	-	als Topf- und Gartenrose geeignet
öfterbl.	-	dicht gefüllt, regen- und hitzeverträglich
öfterbl.	-	ADR, sehr regenfest, gut auch im Kübel
öfterbl.	starker Teerosenduft	dicht gefüllt, geviertelt, auch als Beetrose
öfterbl.	-	als Topf- und Gartenrose geeignet
öfterbl.	-	toleriert Halbschatten, regen- und hitzefest
öfterbl.	-	schmaler Wuchs, frosthart

ROSEN IN KARMINROSA, PURPURROSA UND VIOLETT

SORTENNAME	WUCHSFORM	HÖHE
'Ascot'	Edelrose	60–80 cm
'Bad Wörishofen'	Beetrose	50–70 cm
'Big Purple'	Edelrose	80–100 cm
'Cardinal de Richelieu'	Alte Rose	120–150 cm
'Chartreuse de Parme'	Strauchrose	80–100 cm
'Criollo'	Beetrose	40–50 cm
'Heidetraum'	Flächenrose	60–80 cm
'Heidi Klum'	Beetrose/Zwergrose	40–50 cm
'Isphahan'	Alte Rose	120–150 cm
'Knirps'	Flächenrose	25–35 cm
'Laguna'	Kletterrose	200–300 cm
'Lavender Dream'	Flächen-/Beetrose	60–80 cm
'Madame Isaac Pereire'	Alte Rose	150–200 cm
'Medusa'	Flächenrose	80–100 cm
'Morning Jewel'	Kletterrose	200–300 cm
'Palmengarten Frankfurt'	Flächenrose	60–80 cm
'Pink Swany'	Flächenrose	50–70 cm
'Purple Meidiland'	Beetrose	40–60 cm
'Reine des Violettes'	Alte Rose	120–150 cm
'Rhapsody in Blue'	Beet-/Strauchrose	100–120 cm
'Roxy'	Zwergrose	30–40 cm
'Super Dorothy'	Rambler	200–300 cm

BLÜH-RHYTHMUS	DUFT	BESONDERHEITEN
öfterbl.	zart	purpurviolett, nostalgisch dicht gefüllt,
öfterbl.	–	ADR, karminrosa, sehr robust und gesund
öfterbl.	intensiv	magenta-lila, gut gefüllt
einmalbl.	intensiv	samtig purpurviolett, nicht zu sonnig pflanzen
öfterbl.	intensiv fruchtig	magenta-lila, nostalgisch dicht gefüllt
öfterbl.	–	karminrosa, halb gefüllt, robust
öfterbl.	–	ADR, karminrosa, halb gefüllt, sehr robust
öfterbl.	intensiv	magenta-violett, nostalgisch dicht gefüllt
einmalbl.	intensiv	dunkelrosa, dicht gefüllt, seidige Blüte
öfterbl.	–	ADR, dunkelrosa, dicht gefüllt, guter Bodendecker
öfterbl.	intensiv	pink, nostalgisch dicht gefüllt, robust
öfterbl.	guter Duft	ADR, lavendelfarben, halb gefüllt,
remontierend	intensiv	karmin-magentarosa, dicht gefüllt, geviertelt
öfterbl.	–	ADR, dunkelrosa, hitzeverträglich
öfterbl.	guter Duft	ADR, karminrosa, halb gefüllt
öfterbl.	–	ADR, karminrosa, für raue Lagen geeignet
öfterbl.	–	ADR, karminrosa, stark gefüllt, geviertelt
öfterbl.	–	ADR, magenta, sehr robust und frosthart
remontierend	fliederähnlich	purpurviolett, dicht gefüllt, geviertelt
öfterbl.	zart	violett (blaueste Rose), halb gefüllt
öfterbl.	–	rosa-violett, dicht gefüllt
öfterbl.	–	dunkelrosa, auch als Kaskadenrose

Register

Halbfett gesetzte Seitenzahlen verweisen auf Abbildungen.

Adressen

Bezugsquellen Deutschland

Baumschule Goos
Wieslocher Str. 26
69168 Wiesloch-Baiertal
(Zahlreiche Alte Rosen)

Bioland Rosenschule Ruf
Zum Sauerbrunnen 35
61231 Bad-Nauheim-
Steinfurth
www.rosenschule-ruf.de
(Rosen aus kontrolliert ökolo-
gischem Anbau; viele Alte
Rosen, Englische Rosen und
moderne Romantikrosen, aber
auch moderne Sorten)

Garden of Roses
Jeanette Griese
Nordstraße 10
32139 Spenge
www.garden-of-roses.de
(Alte und Englische Rosen,
Rankgerüste, Gartengeräte und
Kosmetik)

**W. Kordes' Söhne Rosenschu-
len GmbH & Co.KG**
Rosenstraße 54
25365 Klein Offenseth-
Sparrieshoop
www.kordes-rosen.com
(Moderne Rosen, nostalgische
»Märchenrosen«-Kollektion)

Lacon GmbH
J.-S.-Piazolo Str. 4 a
68766 Hockenheim
www.lacon-rosen.de
(viele Alte Rosen sowie moderne Nostalgiesorten, einige Englische Rosen)

Landhaus Ettenbühl
Hof Ettenbühl
79415 Bad Bellingen-Hertingen
www.landhaus-ettenbuel.de
(Alte Rosen, eigene Züchtungen
von John Scarman, Schau-gar-
ten)

Noack Rosen
Im Waterkamp 12
33334 Gütersloh
www.noack-rosen.de
(Zahlreiche ADR-Rosen, vor
allem moderne Sorten)

**Rosarot Pflanzenversand
Gerd Hartung**
Besenbek 4b
25335 Raa-Besenbek
www.rosarot-pflanzen-
versand.de
(viele moderne Nostalgierosen,
Romantica-Rosen, Englische
Rosen und etliche Alte Rosen)

Rosen Jensen GmbH
Am Schloßpark 2b
24960 Glücksburg
www.rosen-jensen.de
(riesiges Sortiment an Alten
Rosen, Englischen Rosen und
modernen Sorten)

Rosengärtnerei Kalbus
Hagenhausener Hauptstr. 112
90518 Altdorf
www.rosen-kalbus.de
(riesiges Sortiment an Alten
Rosen und moderne Nostalgiesorten aus Deutschland und

Frankreich, Rosa generosa von
Guillot, viele Englische Rosen)

Rosenhof Schultheis
Bad Nauheimer Str. 3-7
61231 Bad Nauheim
www.rosenhof-schultheis.de
(riesiges Sortiment an Alten
Rosen, Romantica-Rosen und
Englischen Rosen sowie zahlreiche neue Nostalgiesorten)

Rosenschule Weihrauch
Steinfurther Hauptstr. 53
61231 Bad Nauheim-Steinfurth
 www.rosen-weihrauch.de
(viele Alte Rosen)

Rosenschule Weingart
Hirtengasse 13
25436 Uetersen
www.frost-burgwedel.de
(Alte Rosen, seltene Rosen,
Raritäten aus Rosarium Sanger-
hausen)

Rosen-Union
Steinfurther Hauptstr. 27
61231 Bad Nauheim-
Steinfurth
www.rosen-union.de
(führt die Kollektion »Old
Master-Rosen«, etliche Alte und
Englische Rosen sowie moderne Sorten)

RosenWelt Tantau
Tornescher Weg 13
25436 Uetersen
www.rosen-tantau.com
(Moderne Rosen sowie die Kollektion »Nostalgische Blüten-
träume«)

Bezugsquellen Österreich

Grumer Rosen
Raasdorfer Str. 28-30
A-2285 Leopoldsdorf
www.grumer.at
(umfangreiches Rosensortiment)

**Waldviertler Biobaumschul-
betrieb Artner**
Reichenau am Freiwald 9
A-3972 Bad Großpertholz
www.artner.biobaumschule.at

Bezugsquellen Schweiz

Richard Huber AG
Rothenbühl 8
CH-5605 Dottikon
www.rosen-huber.ch
(viele Alte Rosen, Englische
Rosen, Romantica-Sorten sowie
moderne Sorten)

Vereine

**Verein Deutscher
Rosenfreunde e.V. (VDR)**
Waldseestr. 14
76530 Baden-Baden
www.rosenfreunde.de

Österreichische Rosenfreunde
Parkring 12/III 1
A-1010 Wien
(keine Webseite)

**Gesellschaft Schweizer
Rosenfreunde**
Bahnhofstr. 11
CH-8640 Rapperswil
www.rosenfreunde.ch

Bodenuntersuchungen

**VDLUFA – Verband Deutscher
Landwirtschaftlicher
Untersuchungs- u. For-
schungsanstalten e.V.**
c/o LUFA Speyer
Obere Langgasse 40
67346 Speyer
www.vdlufa.de

LUFA Nord-West
Jägerstr. 23-27
26121 Oldenburg
www.lufa-nord-west.de

LUFA Rostock der LMS
Graf-Lippe-Str. 1
18059 Rostock
www.lms-lufa.de

**TU München
Zentralinstitut f. Ernährungs-
und Lebensmittelforschung**
Bioanalytik
Alte Akademie 10
85350 Freising-Weihenstephan
www.bioanalytik.wzw.tum.de

Weiterführende Literatur

Bauer, Ute: **Rosen, Rosen,
Rosen.**
BLV Verlag, München

Bauer, Ute: **Alte Rosen.**
BLV Verlag, München

Jacob/Grimm/Müller: **Alte
Rosen und Wildrosen.**
Eugen Ulmer Verlag, Stuttgart

Kluth, Silke: **Rosen pflegen.**
Gräfe und Unzer Verlag,
München

Leute, Alois: **Rosengarten
für Einsteiger.**
Gräfe und Unzer Verlag,
München

Leute, Alois: **Rosen von A bis Z.**
Gräfe und Unzer Verlag,
München

Markley, Robert: **Die BLV
Rosen-Enzyklopädie.**
BLV Verlag, München

Rau, Heide: **Der große
Pflanzenratgeber Rosen.**
Gräfe und Unzer Verlag,
München

Rau, Heide: **Duftrosen.**
Gräfe und Unzer Verlag,
München

Schultheis, Heinrich: **Rosen.
Frische Ideen und bewährte
Sorten.**
Eugen Ulmer Verlag, Stuttgart

Strobel, Klaus-Jürgen: **Alles
über Rosen – Verwendung Sorten Praxis.**
Eugen Ulmer Verlag, Stuttgart

Zeitschriften

Deutschland

FLORA
Gruner & Jahr AG & Co
Postfach 11 00 11
20444 Hamburg
www.livingathome.de

Gärtnern leicht gemacht
Living & More Verlag GmbH
Lange Straße 51
77652 Offenburg
www.livingandmore.de

Gartenpraxis
Eugen Ulmer Verlag
Wollgrasweg 41
70599 Stuttgart
www.ulmer.de

gartenspaß
Burda Senator Verlag GmbH
Am Kestendamm 1
77652 Offenburg
www.gartenspass.com

GartenZeitung
Deutscher Bauernverlag GmbH
Brunnenstr. 128
13355 Berlin
www.gartenzeitung.de

Kraut & Rüben
DLV Verlagsgesellschaft mbH
Lothstr. 29
80797 München
www.kraut-und-rueben.de

Mein schöner Garten
Burda Senator Verlag GmbH
Am Kestendamm 1
77652 Offenburg
www.mein-schoener-garten.de

Österreich

Garten + Haus
Zeitschrift der österreichischen
Gartenbaugesellschaft
Siebeckstr. 14
A-1220 Wien
www.garten-haus.at

Schweiz

SchweizerGarten
Zeitschrift der deutsch-schwei-
zerischen Gartenbauvereine
Bahnhofplatz 11
CH-3110 Münsingen
www.schweizergarten.ch

Wichtige Hinweise

➤ Tragen Sie bei der Arbeit mit Schneidwerkzeugen Handschuhe.
➤ Arbeiten Sie nicht mit rostigen, unscharfen Schneidgeräten –
zusätzliche Verletzungsgefahr!
➤ Wenn Sie sich bei der Gartenarbeit verletzen, sollten Sie umge-
hend einen Arzt aufsuchen. Eventuell ist eine Impfung gegen
Tetanus (Wundstarrkrampf) erforderlich.
➤ Bewahren Sie Dünger, Pflanzenschutzmittel und Schneidwerk-
zeuge für Kinder und Haustiere unerreichbar auf.

Die Fotografen

Angermayer: 217/2; **Austin:** 25/6; **Baumjohann:** 113, 225/5, 226; **Beck:** 8, 40/3, 89, 134, 151/3, 154/4, 151/6, 164/4, 207/1, 207/2, 207/3; **Bieker:** 103; **BKN:** 91; **Borstell:** 5, 15/1, 15/5, 24/1, 25/1, 35li., 40/1, 59/2, 60/1, 84, 96, 124/4, 150/4, 150/5, 151/5, 207/4, 225/1; **Bund Deutscher Baumschulen:** 52; **Gemke:** 171/1, 171/2; **Getty-Images:** U1; **Hecker:** 212; **Henseler:** 195ob., 225/3, 231; **Hielscher:** 87/4, 150/3, 206/3, 206/6; **Himmelhuber:** 195unt.; **Ifa:** 2; **Janicek:** 169/1, 169/2; **Keim:** 24/2, 61/4, 78/2; **Kordes:** 87/1, 87/2, 87/5, 125/1, 150/1, 150/7, 206/5; **Kuttig:** 190, 203, 204, 205, 208, 214, 217/3, 217/5, 221, 225/4, 228; **Meile:** 151/7; **Nickig:** 15/4, 24/3, 24/4, 24/5, 25/2, 25/5, 28re., 35re., 59/1, 59/3, 65, 66, 125/3, 151/2, 186/3; **Pforr:** 24/6, 28li., 78/1, 200, 202, 230, 234; **Redeleit:** 11, 108/2, 108/3, 115/1, 115/2, 115/3, 115/4, 121, 129, 133, 142 , 146, 153, 158, 172, 175, 186/1, 186/2; **Reinhard:** 15/2, 15/3, 24/7, 25/4, 40/2, 61/1, 75, 124/2, 125/4; **Rutkies:** 217/4; **Sachse:** 189, 191, 211, 225/2; 233; **Sammer:** 12; **Schaefer:** 212; **Schick:** 36; **Schneider-Will:** 7, 25/3, 43, 61/3, 108/1, 124/1, 124/3, 136/1, 136/2, 136/3, 136/4, 150/2, 155, 162/1, 162/2, 162/3, 162/4, 165, 167, 176/1, 176/2, 197, 207/6; **Seidl:** 60/3, 60/4, 125/2, 150/6, 151/1, 206/1; **Stork:** 98; **Strauß:** 48, 60/2, 121, 138, 180, 188, 196, 206/2, 235, U4unt., 135; **Strauß/GBA:** 148/1, 148/2, 148/3, 217/1; **Timmermann:** 25/7, 50, 51, 61/2, 72, 104, 207/5, U4mi.; **Waldhäusl:** 9, 88, U4ob.

© 2008 GRÄFE UND UNZER VERLAG GmbH, München. Alle Rechte vorbehalten. Nachdruck, auch auszugsweise, sowie Verbreitung durch Bild, Funk, Fernsehen und Internet, durch fotomechanische Wiedergabe, Tonträger und Datenverarbeitungssysteme jeder Art nur mit schriftlicher Genehmigung des Verlages.

Ein Unternehmen der
GANSKE VERLAGSGRUPPE

Redaktion und Konzeption: Michael Eppinger
Lektorat: Sonnhild Bischoff
Bildredaktion: Daniela Laußer
Umschlaggestaltung und Layout: Cordula Schaaf
Herstellung: Susanne Mühldorfer
Satz: Cordula Schaaf
Reproduktion: Penta, München
Druck: Appl, Wemding
Bindung: Druckerei Auer, Donauwörth
Printed in Germany

ISBN 978-3-8338-0878-4

1. Auflage: 2008